KiWi 558

Über das Buch

Was haben Humphrey Bogart und Margaret Thatcher, Prinz Charles und Bruno Kreisky, Yehudi Menuhin und Nelson Mandela gemeinsam? Peter Ustinov hat mit ihnen gedreht oder diniert, sie interviewt und beobachtet, und sie alle spielen mit im großen Welttheater, das Sir Peter mit nicht nachlassendem Erstaunen verfolgt: »Politik ist Show-Business. Der entscheidende Moment war, als Präsident Eisenhower seinen Freund, den Schauspieler Robert Montgomery, unschuldig bat, ihm bei seinem Fernseh-Make-up zu helfen. Von da an gab es kein Zurück.« Peter Ustinovs unschätzbares Privileg: Er kennt beide Seiten, das Showgeschäft und die internationale Politik. Die Grenzen verschwimmen: »Kraft des Fernsehens werden Krieg, Korruption und Naturkatastrophen so dargeboten, daß sie nicht langweilen, sondern unterhalten.« Ustinov empfindet ein gewisses Mitgefühl für Celebrities wie Michael Jackson, die in einem Moment geliebt und im anderen an der Pranger gestellt werden, oder Staatsschauspieler wie den Sünder Clinton, »dessen Verständnis für die Sorgen und Nöte dieses Planeten unter den amerikanischen Spitzenpolitikern doch einzigartig ist.« Im übrigen bleibt der Schaden für die US-Demokratie begrenzt, »solange Monica Lewinsky bei ihrer Version bleibt, daß die bewußte Zigarre keine Havanna war«. Letztlich dreht sich alles um politische und Medien-Macht (»Es ist ein besonderes Merkmal des Machthungers, daß er sich nimmer stillen läßt«), der Peter Ustinov die moralische Macht, »allein mit dem Wort und dem persönlichen Beispiel erworben«, gegenüberstellt. »Oder um es mit den Worten eines britischen Obersten zu sagen, dessen Buch ich im Kriege für ein paar Pfennige erstand: ›Ich habe fast keinen Zweifel, daß es noch nicht zu spät ist, die Demokratie auf Vordermann zu bringen.‹«

Über den Autor

Sir Peter Ustinov, am 16. April 1921 in London geboren, Schauspieler, Dramatiker, Erzähler, Zeichner, Regisseur und vieles mehr, mit zwei Oscars ausgezeichnet (für seine Rollen in »Spartakus« und »Topkapi«), Mitglied der Académie des Beaux Arts, Unicef-Botschafter, Rektor der Universität Durham, lebt in der Nähe von Genf. Peter Ustinov hat Erzählungen, Romane, eine Autobiographie und mehr als zwanzig Theaterstücke geschrieben.

Weitere Titel bei K&W

Monsieur René. Roman, 1998. *Die endlose Reise. Geschichten von unterwegs*, KiWi 516, 1998. *Karneval der Tiere. Des Esels Schatten*, 1999.

PETER USTINOV

Ustinovs kleines Welttheater

Staatsmänner, Stars und andere Kollegen

Aus dem Englischen
von Hermann Kusterer

Kiepenheuer & Witsch

1. Auflage 1999

Die in diesem Buch veröffentlichten Texte erschienen in englischer Sprache zuerst im »European«, London. Die letzten fünf Texte wurden vom »Kurier«, Wien, erstveröffentlicht und übersetzt.
Alle übrigen Artikel aus dem Englischen von Hermann Kusterer.

Umschlaggestaltung: Rudolf Linn, Köln
Umschlagzeichnungen: Peter Ustinov
Gesetzt aus der Garamond Stempel (Berthold) bei Kalle Giese Grafik, Overath
Druck und Bindearbeiten: Clausen & Bosse, Leck
ISBN 3-462-02865-0

Inhalt

Aufschlag Mr. Clinton

*D*as Londoner Wetter zeigte sich vergangene Woche ungewohnt mild, und in Wimbledon gab es Rutschpartien en masse, diesmal nicht, weil der Rasen zu naß, sondern weil er zu trocken war. An guten Gründen für Ausrutscher besteht offenbar kein Mangel.

Die Masseure und Therapeuten brachten, so wenigstens hatte es den Anschein, die meiste Zeit auf dem Platz damit zu, Miss Capriatis Zehen zu verpflastern oder die Schulter von Pete Sampras zu kneten, während er dasaß, ein aus Dankbarkeit und angstvoller Sorge gemischtes Lächeln zur Schau trug und mit der Zunge wie eine Schildkröte unter ihrem Panzer hervor verstohlen die Luft erkundete.

Doch ernsthaft: Mir ist, als habe der Grad frommer Kindergarten-Ermahnung in Wimbledon mittlerweile drastische Ausmaße gewonnen. »Verwarnung für Mr. Ivanisevic wegen Mißbrauch des Schlägers«, läßt sich die Stimme des Stuhlschiedsrichters vernehmen, weil ein Spieler, dem vom Temperament her die Wonnen einer in tadelloser Haltung absolvierten Hingabe an ein obskures Sportlerideal verwehrt sind, seine Wut über eine Fehlentscheidung an seinem armen, seelenlosen Schläger ausließ.

Dabei gehört das Zertrümmern eines Schlägers doch mit zur Unterhaltung. Da der Schläger unbestreitbar dem Spieler gehört, sollte er ihn auch mißhandeln dürfen, wenn es ihm besser zu spielen hilft. Die mit der Wahrung von Recht und Ordnung Betrauten behandeln Tennisschläger heutzutage mit derselben Zuneigung, wie sie England seit jeher den Haustieren entgegenbringt. Schlägermißbrauch hört sich etwa so abscheulich an wie das Quälen eines wehrlosen Lieblings. Und schon wieder: »Verwarnung für Mr. Courier wegen obszöner Ausdrucksweise.« Wen ich auch fragte – niemand konnte mir sagen, worin die Obszönität bestand. Im Fernsehen kriegte ich sie jedenfalls nicht mit. Drum schlage ich vor, daß ein mit einem Fünkchen Großmut begnadeter Schiedsrichter ebenfalls so tut, als sei ihm die Verwünschung entgangen, anstatt die Neugier aller Anwesenden anzustacheln und einen Mann aus der Fassung zu bringen, der sich ansonsten mustergültig beträgt.

Dieses grundlose Zügelreißen in Wimbledon ist symptomatisch für die Bestrafungsmentalität aller ältlichen Spielepäpste: Sie erfinden Regeln und ahnden gnadenlos jeden Verstoß.

Diese Grundhaltung ist freilich nicht auf den Sport beschränkt. Urplötzlich schlüpft John Major, normalerweise ein reizender Mann, in die Haut eines verdrießlichen Schiedsrichters und läßt sich mit moralinsaurer Stimme vernehmen: »Kodexverletzung, Mr. Saddam. Sie tragen die Konsequenzen.« Für einen Premierminister, der in letzter Zeit mehrfach Prügel bezogen hat und dessen Fähigkeit, Eignung für den Job und Führungsqualitäten angezweifelt wurden, ist dies gewiß eine erfrischende Erfahrung. So läßt er es sich natürlich nicht nehmen, sich in ein Getümmel zu werfen, das gar nicht das seinige ist, und Unterstützung für eine Politik zu erklären, zu der er nur höchst beiläufig konsultiert wurde.

Auf ein solches Spielchen darf er sich gerne etwas zugute halten. Ist's auch nicht wirkliche Führung, so ist's doch das gleich nächstbeste – der Anschein davon, während man stillschweigend einem andern nachtrottet. Sein Schiedsspruch bei der Verurteilung von Saddam Hussein wegen Verletzung der Spielregeln lautete so: »Wenn wir einfach zusehen und derlei Verhalten hinnehmen, wie läßt sich da noch verhindern, daß es wieder und wieder geschieht?« Aha, ein Wiederholungsspiel. Und um weitere Wiederholungsspiele zu vermeiden, ist der Schiedsrichter so streng.

Teile der Öffentlichkeit scheinen ihm zuzustimmen, andere pfeifen und buhen. Die Fernsehgesellschaft CNN wartete hastig mit Umfragezahlen auf, wonach über sechzig Prozent der Befragten den Präventivschlag gegen Bagdad guthießen. Über zwanzig Prozent waren dagegen. Die übrigen hatten keine Meinung. Tatsächlich wußten fast hundert Prozent nicht, was sie davon halten sollten, unterlagen aber dem Einfluß von Bill Clinton, als dieser – nachdem er seinerseits ordentlich Prügel bezogen hatte – von Zuversicht überströmend erklärte, dem amerikanischen Volk stehe dies gut an. Das sagte er, weil er das Gefühl hatte, ihm selber stehe es gut an. Er bedauerte zwar die zivilen Opfer, wies indes gleichzeitig darauf hin, es wären noch viel mehr gewesen, wäre die Bombe, die George Bush töten sollte, explodiert. Was sie aber zum Glück nicht tat.

Wir müssen akzeptieren, was man uns sagt, und müssen uns damit begnügen, großformatige Aufnahmen von der Ladefläche eines Toyota-Lieferwagens zu betrachten und einem amerikanischen Botschafter zuzuhören, der uns einen Schnellkurs im Grundwissen des Terrorismus erteilt. Dies als nachträglicher Vorwand für den Einsatz von mehr als zwanzig Marschflugkörpern. Diese Raketen stellten ihre Effizienz dadurch unter Beweis, daß nur so wenige ihr zugeteiltes Ziel verfehlten. Wobei die fehllaufenden leider die unbeabsichtigte und bedauernswerte Vernichtung unbeteiligter Personen und Sachen zur Folge hatten.

Nachträglich? Nun ja, diesmal wurde der UNO-Sicherheitsrat nur vom Ereignis unterrichtet. So sicher ist sich Mr. Clinton der Zustimmung dieses Gremiums, daß er nur so tun muß, als konsultiere er es.

Der Popanz von einst, die Russen, halten jetzt eifrig zu denen, die ihnen unter die Arme greifen können. Der britische Botschafter ist der Gehorsam in Person und gleicht dem Linienrichter, dem zwar die Sicht auf den Ball versperrt war, der aber des impliziten Vertrauens des Stuhlschiedsrichters gewiß ist. Die Franzosen murren vielleicht ein bißchen. Das ist so ihre Art. Und die Chinesen, die sich wachsenden Selbstvertrauens rühmen, melden tatsächlich Zweifel an.

Alle übrigen sind nichts als privilegierte Zuschauer, vergleichbar den Rollstuhl-Veteranen am Spielfeldrand von Wimbledon.

Mit alledem hat Mr. Clinton nur eines bewiesen. Mag die Debatte, die seiner Wahl vorausging, noch so beißend, das Bild, das er bei Amtsantritt darbot, noch so erfrischend und strahlend gewesen sein – das alles ist jetzt vergeben und vergessen. Er hat sich das Einmaleins seiner neuen Position angeeignet und weiß, was man tun muß, um das Vertrauen wiederherzustellen.

Doch das Spiel geht weiter. Das tut es immer. Saddam ist zwar bestraft, aber immer noch da, erst recht selbstbewußt, weil er den Aufschlag seines Gegners überstanden hat. Die Bosnier freilich, die auf einem Nebenplatz ohne Schläger gegen die Serben und Kroaten antraten, mußten erleben, wie ihnen sogar die Balljungen und -mädchen davonliefen und das Regelwerk in alle Winde zerstob.

8. Juli 1993

Absurditätssucht

Heute erhielt ich in schneller Folge zwei Videobänder, das erste per Kurier aus London, das zweite per Kurier aus Kanada. Der Kanadier mußte offenbar aus praktischen Gründen den Umweg über die Vereinigten Staaten nehmen.

Ein Unterschied in den Begleitdokumenten der beiden Bänder erweckte sofort meine Aufmerksamkeit. Das erste, britische, trug auf dem Umschlag eine Pro-forma-Rechnung, auf der stand, es handle sich um eine VHS-Rohfassung eines fünfzigminütigen Fernsehprogramms. Ein Zusatz besagte, der Schätzwert des Materials betrage 5 Pfund Sterling, sein Gewicht etwa 0,5 kg.

Über das Thema gab es weder eine Angabe noch den entferntesten Anhaltspunkt. Das Formular enthielt lediglich die Mitteilung, das Material habe keinen kommerziellen Wert, vielmehr diene die Schätzwertangabe lediglich zollamtlichen Zwecken, und der Weiterverkauf sei untersagt. Ein rein funktionales Formblatt also, so recht nach europäischer Manier, das nach allen Seiten den Grundsatz »in dubio pro reo« verströmt und es sich versagt, dem Kunden voreilig Böswilligkeit zu unterstellen.

In krassem Gegensatz dazu steht die Zollerklärung für den bloßen Transit durch Gottes eigenes Land. Auf ihr lautet die Inhaltsangabe: »Rohmitschnitt der Episode Zwei der Dokumentarreihe Inside the Vatican mit SIR PETER USTINOV als Gast/Erzähler. Rohmitschnittvideo wird an SIR PETER zum ausschließlichen Zweck der Einsichtnahme gesandt und darf weder verkauft, weiterverkauft noch zu kommerziellen Zwecken verwendet werden.« In Beantwortung der Vorgabe: »Kurze Inhaltsbeschreibung« gibt der kanadische Produzent vorsichtshalber an: »Dieser Rohmitschnitt wird zur bloß privaten Betrachtung versandt und kehrt in seinem jetzigen

Zustand nach Kanada zurück.« Über der Unterschrift des Produzenten steht folgende vorgedruckte Erklärung: »Ich/Wir erkläre(n), daß der Film (die Filme) nichts Obszönes oder Unmoralisches noch irgend etwas enthält (enthalten), das zum Verrat oder Aufstand gegen die Vereinigten Staaten aufruft oder anstachelt.« Danach steht ein Pausenzeichen, als sei dem Verfasser eine Konzentrationslücke unterlaufen, dann heißt es weiter: »– Irgendeine Drohung gegen das Leben oder die körperliche Unversehrtheit einer Person in den Vereinigten –« wieder eine Lücke, bis sich die Schreibmaschine still zu der Fortsetzung bequemt: »Staaten oder sonstwo in der Welt.« Dieses erstaunliche Dokument erreichte mich in dreifacher Ausfertigung, von der jedes Exemplar die Unterschrift des Produzenten trug, was mich zu der Vermutung veranlaßt, daß es ursprünglich vier Exemplare gewesen sein mußten, von denen eines der US-Zollverwaltung den nötigen Seelenfrieden bescherte. Das ist nun so recht amerikanische Art, die das Schlimmste befürchtet, jedes erdenkliche Schlupfloch mit formaljuristischem Geflunker verstopft und gleichzeitig das Recht eines jeden verteidigt, Pornograph oder Mörder zu sein, solange er willens und bereit ist, sich der gesetzlichen Strafe zu stellen. Es vermittelt, gelinde gesagt, den Eindruck ungemütlichen Genusses der Freiheit, doch das noch ungewöhnlichere Symptom besteht vielleicht darin, wie die Verurteilung jeglichen Aufrufs zum Verrat oder Aufstand an den oder gegen die Vereinigten Staaten auf die Spitze getrieben wird, und ebenso die Drohung, dort oder irgendwo in der Welt einer Person das Leben zu nehmen oder körperlichen Schaden zuzufügen.

Diese unerwartete Weitherzigkeit läßt sich auch dahingehend auslegen, jeder Versuch, Saddam Hussein oder Gaddafi aus den Angeln zu heben oder auf einer Videokassette eine Möglichkeit dazu aufzuzeigen, laufe der Politik der amerikanischen Regierung zuwider. Derlei ist eben nur erlaubt, wenn irgendein General oder Politiker mit einem ach so demokratischen Plan anrückt, wie den Irakern klarzumachen ist, daß es einzig Saddam zuzuschreiben sei, wenn ihnen gelegentlich ein Marschflugkörper auf den Kopf fällt, und sie zum Aufstand gegen ihn ermuntert werden können. Daß sie diese Chance nie ergriffen haben, schreibt man Saddams erbarmungslosem Durchgreifen und nicht etwa dem Verdacht zu, der Ermunterung fehle es an Glaubwürdigkeit.

Nun ist ja Glaubwürdigkeit das, woran es in allen Bereichen des öffentlichen Lebens am meisten mangelt, und die neurotischen Regeln für den grenzüberschreitenden Versand von Videobändern sind nur ein greifbares Symptom einer allgemeinen Absurditätssucht.

Die große Sorge der europäischen Antieuropäer heißt, wir gingen Schritt um Schritt unserer nationalen Schrullen verlustig und versänken, angeführt von der leblosen Hand eines Dings namens Brüssel, im Treibsand der Gleichmacherei. Ich freilich meine, es gebe weit größere Gefahren. Was droht, könnte sehr wohl die Rache der enterbten Massen Europas sein, jener, die auf der Suche nach elementaren Chancen den Staub der alten Welt von ihren Füßen schüttelten, jener, die ihre Augen auf einen Horizont richteten, der voller Verheißungen war, solange er Horizont blieb.

Fast über Nacht haben sie eine Eigenpersönlichkeit, ja sogar eine Eigenerscheinung gewonnen. Und nun sind sie wieder da, bewaffnet mit einer Mission, die aus Altruismus und zugleich einem klaren Sinn für die Möglichkeiten des Lebens gespeist wird. Sie stellen die Regeln auf und machen die Gesetze, sorgen dafür, daß in einem Schmelztiegel hochtrabender Phrasen über Recht die Gerechtigkeit zur praktischen Möglichkeit wird. Tempo und Dramatik dieser heimgekehrten verlorenen Söhne haben Europa aus einem Vor-sich-Hindämmern gerissen, dem es nie an Reiz, wohl aber an Objektivität mangelte. Plötzlich ist unser Gefühl für das, was rechtens, unübereilt und kontemplativ ist, zum großen Anliegen geworden.

Der Austausch von Ausflüchten ist zur Brücke geworden, die die letzte Wahrheit mit der letzten Konvenienz verbindet, wobei beide vor allem dem Ziel dienen, Zeit und Geld zu sparen. Heute wurde in Frankreich, diesem angelegentlich rationalsten aller Länder, eine Untersuchung eröffnet, die das Alibi des stellvertretenden Bürgermeisters von Bethune mit der Feststellung durchlöchern soll, wenn er einem Finanzpromoter zu der von ihm genannten Zeit begegnet wäre, hätte er mit einer Durchschnittsgeschwindigkeit von 200 km/h nach Paris gefahren sein müssen.

Im Fernsehen werden getreulich Schnappschüsse des Richters beim Lunch und des stellvertretenden Bürgermeisters mit erstarrtem Zuversichtslächeln auf den Lippen gezeigt. Was er genau verbrochen hat, ist noch unklar. Mit anderen Worten: Hollywood hat seine große Stunde. Die Schatten über den Aktivitäten des Serious Fraud Office in England, der plötzliche Ausbruch von Selbstmorden in Italien, der Verdacht einer korrupten Polizei in diversen Teilen der Welt – all das ist symptomatisch für unsere neuerlangte Temposucht, die nicht der unerbittlichen Logik, sondern der schieren Unterhaltung dient.

Kraft des Fernsehens werden Krieg, Korruption und Naturkatastrophen so dargeboten, daß sie nicht langweilen, sondern unterhalten. Gibt es denn in diesem hochkarätigen Chaos keinerlei Werte mehr als nur den todgeweihten Buchstaben des Gesetzes? O doch. Dazu braucht man sich nur die Erklärung für eine zeitweilige Videokassetten-Einfuhr anzusehen.

26. August 1993

Ein Sänger namens M J

*D*er Rechtspflege eignet weltweit eine gewisse majestätische Tradition, ihre Verkleidung beeindruckt Schuldige und Unschuldige gleichermaßen – in Frankreich und Italien mit Baretten, in England mit Perücken, in Deutschland mit mittelalterlichen Gelehrtenroben. Es gibt sogar Anklänge an weniger sanfte Zeiten in der Geschichte, in denen das Echo der Inquisition und anderer schändlicher Beispiele von Unduldsamkeit und Scheuklappensicht nachhallt.

Doch auch diese Theatralik hat notorische Fehlurteile in jüngster Zeit nicht verhindern können. Der Gang des Gesetzes – in den Vorschriften heißt er ordnungsgemäßes Verfahren – beansprucht ein Übermaß an Zeit, auch um zu Fehlentscheidungen zu gelangen. In der minutiösen Untersuchung aller Aspekte eines Falls bleibt kein Weg unerforscht, wird, wie man so sagt, Steinchen um Steinchen hinzugefügt.

Wer erinnert sich nicht an Caryl Chessman, der nach zwanzig Jahren der Berufungen und Ausnutzung sämtlicher Schlupflöcher schließlich doch hingerichtet wurde. Während der langen Wartezeit auf den Tod schrieb er Bücher und schulte seinen Geist in einer Weise, die gänzlich unmöglich gewesen wäre, hätte er sein normales Leben in Freiheit und Desillusionierung fortsetzen können. Hingerichtet wurde er eines spitzfindigen Details willen, weil er sein Opfer über eine Staatsgrenze gefahren hatte. Doch was immer er verbrochen hat, woran sich heute kaum noch jemand erinnert – der Mann, den man zu guter Letzt beseitigte, war jedenfalls ein ganz anderer als der junge Bursche, der vor so vielen Jahren des Mordes überführt worden war.

Gleichfalls in Erinnerung ist der Fall des jungen Derek Bentley in London, jenes Jugendlichen, der zum Tod durch den Strang verurteilt wurde, weil er angeblich einen noch jüngeren

Burschen dazu veranlaßt hatte, einen Polizisten zu erschießen. Auch der geistig zurückgebliebene Bentley starb kraft einer Spitzfindigkeit. Er war nämlich alt genug für den Strang, während der Junge, der den Abzug gedrückt hatte, dafür zu jung war – immerhin eine reizvolle Aufmerksamkeit.

Wozu sich ums geistige Alter kümmern, wo doch das körperliche die so viel akkuratere Meßlatte hergibt? Oder tut sie es vielleicht doch nicht? Ich weiß noch, wie sich mir damals ob der Voraussetzungen, von denen der Richter ausging, die Haare sträubten, und wegen der hochtrabenden Ablehnung des Gnadengesuchs durch Innenminister Sir David Maxwell-Fyfe nicht minder.

So war ich denn wenig überrascht, als ich vor kurzem erfuhr, das Urteil sei kassiert worden, wobei allerdings der derzeitige Innenminister meinte, eine Begnadigung habe der entlastete Bentley nicht verdient; diese himmelschreiende Finesse beweist nur die Zählebigkeit der Tradition in muffigen Amtskorridoren.

Nunmehr taucht in einer Welt, die sich mit jeder Sekunde schneller dreht und in der die Ereignisse mit der Eindringlichkeit psychedelischer Beleuchtung in einer verwahrlosten Diskothek um Aufmerksamkeit heischen, der Fall oder Nicht-Fall Michael Jackson auf. Bedauerlicherweise wird es sich auch dann noch um einen Fall handeln, wenn sich die Angelegenheit als Nicht-Fall entpuppen sollte. Mehr noch: Er wird das ganze Übermaß an Zeit zwischen dem anfänglichen Schock und jenem berühmten, hochgelobten und schneckentempohaften vorschriftsmäßigen Verlauf umspannen.

Sollte sich jetzt ein zweiter kleiner Junge mit einer anrührenden Aussage zugunsten des Unterhalters melden und Elizabeth Taylor in einer Solidaritätsgeste nach Singapur fliegen, dann geschieht dies, weil man generell der Meinung ist, auf ein ordnungsgemäßes Gerichtsverfahren sei bei allem Hin und Her der Anwälte und dem Auf und Ab der Tagesereignisse als Instrument der Gerechtigkeit von Grund auf kein Verlaß.

Wir alle bedürfen der Hilfe derer, die uns gut kennen und bei den Medien auf Interesse stoßen. Liz Taylors Reise bringt Gewicht ein, ihre Mühen bleiben nicht unbemerkt. Gleiches gilt für die abgesagten Konzerte, das Ausschwitzen in der Hitzehölle von Bangkok, die Ohnmachts- und Migräneanfälle. Das alles ist völlig glaubhaft, schon gar bei jemandem, der seinem Körper derart viel zumutet wie Michael Jackson.

Dennoch wird man den nagenden Zweifel nicht los, zu diesen mißlichen Zuständen trage nicht zuletzt auch ein Gefühl der Verbitterung darüber bei, daß sich die Polizei seine Abwesenheit zunutze machte, um seine Residenz, seine Ranch und seine gewohnte Hotelsuite in Las Vegas zu durchstöbern.

Ursache all dieser fieberhaften und in alle Welt hinaus posaunten Aktivität war, daß der Vater eines Jungen eine Anklage wegen sexuellen Mißbrauchs an Michael Jacksons Tür ablud. Noch trüber wurden die Wasser durch die von Jacksons Anwälten erhobenen Gegenvorwürfe versuchter Erpressung. Das alles bewirkt lediglich eines: Die Dauer eines ordnungsgemäßen Verfahrens, sofern es je dazu kommt, verlängert sich noch mehr.

Ein kleines Land wie die Schweiz, der die Würde des einzelnen mehr am Herzen liegt als den meisten andern, kennt eine Grundregel, wonach ein des Fehlverhaltens Bezichtigter vor Verfahrensbeginn nicht namentlich genannt werden darf. Natürlich funktioniert diese elegante und rücksichtsvolle Handhabung nicht immer. Selbst die verantwortungsbewußte Schweizer Presse kann nicht umhin, mitzuteilen, der Beschuldigte sei ein Sänger namens M J.

Den Unterschied macht in diesem Fall einzig der einmalige Bekanntheitsgrad des Protagonisten. Ein Mensch in seiner Lage ist stets den Launen und Böswilligkeiten von Leuten ausgeliefert, die irgendwann einmal für ihn tätig waren oder die

Luft seines Hofstaats schnuppern durften. Superstars sind Katalysatoren, die nicht nur die Begeisterungsstürme ihrer Fans auslösen, sondern auch den irren Abschaum potentieller Geistesgestörter mobilisieren. Die Atmosphäre um solche Persönlichkeiten knistert, gelinde gesagt, von Spannung. Niemand erfährt je von irgend etwas die ganze Wahrheit. Und niemand wird je die ganze Wahrheit über dieses ordnungsgemäße Verfahren kennen. Da dem nun einmal so ist, ist es nur recht und billig, wenn die warmherzige und passionierte Liz Taylor ihr Gewicht in die Waagschale der Wahrscheinlichkeit wirft. Sie kennt MJ gut und ihr ist klar, daß er in normalen wie abnormalen Umständen das Herz am rechten Fleck hat. Sein Wert als Symbol der Nächstenliebe ist gewaltig, und gewaltig ist auch der Schaden, den ein aus der Luft gegriffener Vorwurf wie dieser anrichtet.

Die stöbernde Polizei hat bislang nichts finden können. Möge ihr dies noch lange beschert sein. Unterdessen: Wie läßt sich in dem schwerfälligen Prozeß, wenn er denn kommt, der Schock längst vergangener Tage noch getreulich darstellen? MJ wird auf sein Publikum bauen müssen, und dieses auf ihn.

9. September 1993

Krieg und Spiele

Seit langem bin ich der Meinung, Sport sei ein wirksamer Ersatz für Krieg, jedenfalls unter Völkern, die sich zivilisiert nennen. Zum Beweis für diese Theorie braucht man sich nur gewisse neuere Ereignisse anzusehen.

Die Entscheidung von Monte Carlo, die Olympischen Spiele 2000 in Sydney abzuhalten, garantiert dem glücklichen Gewinner riesige Geschäftsabschlüsse und vorübergehend auch Erleichterung vom weltweiten Alptraum der Arbeitslosigkeit. Für die vier Verlierer, die in der Hoffnung, ausgewählt zu werden, beträchtliche Geldsummen ausgegeben haben, ist sie eine herbe Enttäuschung.

Als Zeichen, wie wichtig die Wahl war, gab es ausgelassene Festlichkeiten und nächtliches Feuerwerk im fernen Sydney, das den Sieg davontrug, und das Feiern reichte bis hin zum zögernden Applaus der chinesischen Delegation, die nur mit Mühe ihren Stolz verbarg, mit bloßen zwei Stimmen unterlegen zu sein.

Hatte Señor Juan Antonio Samaranch das Herumfummeln mit dem Kuvert, mit dem er die Welt auf die Folter spannte, auch Jahrzehnten von Oscarverleihungen abgeguckt, hätte die Entscheidung ihrer immensen Auswirkungen wegen fast genausogut das Ergebnis eines Versailler Vertrags sein können.

Die Medien gratulierten den Australiern zu ihrem Glück, doch andernorts wurden beunruhigende Geräusche des Unmuts laut. Es hieß sogar, Deng Xiaoping habe düster vor einem Ende des Liberalisierungsprozesses und einer Verhärtung des Kurses gegenüber dem Westen gewarnt. Dieses Gerücht entbehrte zwar wohl der Wahrhaftigkeit, zeigte indes doch, in welchem Ausmaß Hoffnungen zunichte gemacht wurden, und die Nervosität ob möglicher, den reinen Sport weit übersteigender Repressalien.

Tatsächlich dürfte die Aufregung um Chinas überhitzte Wirtschaft die Dämpfer im Zusammenhang mit der Feier eines vorweggenommenen Erfolgs mehr als ausgleichen. Diese Abstimmung wird von der chinesischen Führung wohl lediglich als Bestätigung ihres Vorurteils ausgelegt werden, daß die Welt immer noch von einem Westen beherrscht wird, der keine Lust hat, sich auf Abenteuer einzulassen, und nicht so recht an die Fähigkeit der Chinesen glaubt, ein Ereignis dieses Ausmaßes mit all seinen Begleiterscheinungen wie Nahrung, Unterbringung und Nachrichtenverbindungen zu organisieren. Natürlich kann sich dieses Nicht-Zutrauen in den Augen der Chinesen, die nach und nach über eine Milliarde Seelen zu organisieren gelernt haben, gar nicht anders als absurd oder gar beleidigend ausnehmen.

Eine andere Probe aufs Exempel ist das häßliche Mißgeschick jenes anderen Namensträgers der antiken Spiele, des Fußballclubs Olympique von Marseille. Hier nahm alles seinen Anfang mit einem Anflug von Korruption, die freilich in diesen Tagen nicht ungewöhnlich ist; es wird sogar gemunkelt, die Albanier hätten die Spanier vor einem Fußballspiel zu bestechen versucht. Da Albanien das unterprivilegierteste Land Europas ist, fragt man sich freilich, wieviel Geld ein albanischer Fußballverband zusammenzuraffen vermocht haben mag, um die üppigen Spanier zum Betrug zu betören.

Daß jemand im Marseiller Club versucht haben soll, die Spieler eines Rivalen in der französischen Liga zu korrumpieren, klingt da schon glaubhafter, ist indes derzeit noch nicht bewiesen. Mehrere Spieler, deren Stärke eher körperlicher als juristischer Natur ist, zogen es vor, sich in einer Untersuchung, die unablässig betont, sie sei kein Verfahren, von Anwälten vertreten zu lassen.

Die Atmosphäre wird durch die Gestalt von Clubpräsident Bernard Tapie zusätzlich belastet, dem jene, die seine Aktionsfreiheit in unseren engherzigen Tagen perplex läßt, jederzeit jegliche Missetat zutrauen. Bis vor kurzem noch Minister in der früheren sozialistischen Regierung Frankreichs, stellt er paradoxerweise unter Beweis, was in der freien Marktwirtschaft möglich ist, wenn sich Mut und Einfallsreichtum in einer einzigen Person vereinen. Es sprießt allerdings Mißtrauen, wenn man bedenkt, daß Mut und Einfallsreichtum keineswegs das Monopol der Aufrechten sind.

Wie immer die Wahrheit aussehen mag: Eine Bestrafungslawine ging über den Club nieder, ausgelöst durch die alten Herrn, die Sportverbände nach dem Prinzip führen, wo so viel Rauch sei, müsse es auch ein entsprechend großes Feuer geben, und sei es noch so unsichtbar. Mehrere schwer erkämpfte Titel wurden vorübergehend aberkannt. Unter diesem schmerzlichen Stigma stöhnend, verlor der Club 0 zu 3 gegen Metz in einem Spiel, das von einigen recht drastischen Schiedsrichtersprüchen gekennzeichnet war. Mehrere Spieler, darunter der Torwart von Marseille, wurden aus Gründen vom Platz gestellt, die sich dem Verständnis selbst des leidenschaftslosesten Zuschauers entzogen.

Schließlich fielen tollwütige Anhänger von Marseille ins Spielfeld ein und verhinderten die Beendigung des Spiels. Der Schiedsrichter, der sich als Rechtsanwalt entpuppte, wenn er nicht gerade andere Strafen austeilte, verwahrte sich gegen jeglichen Vorwurf der Voreingenommenheit.

Wie alle bejahrten Offiziellen, die über internationale Wettkämpfe zu Throne sitzen, trug er einen stolzen Blazer mit Lorbeerblättern in Gold. Er saß steif wie ein Briefmarkenabbild vor den Fernsehkameras und erklärte sich bereit, sich der Unfähigkeit, nicht aber der Voreingenommenheit bezichtigen zu lassen. Als nächster trat der große Fußballer Papin auf, der dem Spiel beigewohnt hatte und dabei gewiß unter der Last derer stöhnte, die ihre Phantasien und ihren Frust im Schatten der Aktiven durchleben müssen. Papin seufzte weise und war aufrichtig betrübt, daß der Bursche nicht einfach zugab, einen Fehler gemacht zu haben, und damit basta.

In der zivilisierten Welt lassen sich Krieg und die mit ihm einhergehenden Kriegsgerichtsurteile zu dumpfem Trommelwirbel heute am ehesten im Sport simulieren. Allerdings machen sich in der realen Welt von Macht und Politik unversehens andere, schwererwiegende Ereignisse bemerkbar.

Seit geraumer Zeit erwarten die Pessimisten von Rußland das denkbar Schlimmste. Als Boris Jelzin das Parlament auflöste, war der Machtkampf zum Greifen nahe. Dennoch ging die Bevölkerung eine Zeitlang noch ihrem Tagewerk nach, als sei nichts geschehen. In jahrhundertelangen harten Zeiten ist das russische Volk zu freudloser Reife gelangt. Nach den blutigen Ereignissen des vergangenen Wochenendes bleibt abzuwarten, ob es sich auf noch mehr Blutvergießen und Machtgewoge gefaßt machen muß.

7. Oktober 1993

Verallgemeinerungen sind immer ungerecht. Das wissen wir zwar, aber manchmal zwingen sie sich so sehr auf, daß es einem kalt über den Rücken läuft.

Wenn ich sehe, wie sich die Minister im Unterhaus in ihrer traditionellen Haltung energiegeladener Verschlafenheit zurücklehnen und bei einem Gemeinplatz, den einer von der gleichen Couleur von sich gibt, zustimmend nicken, dann fühle ich mich wieder in der Schule.

Sie sind die Schulpräfekten, zum Herrschen geboren und erzogen, auf einem passenden College lernen sie die nötigen Kunstkniffe, zu denen auch gehört, subtil die Unterschiede herauszustellen und gleichzeitig von der klassenlosen Gesellschaft zu reden. Nicht ihre Aufrichtigkeit zweifle ich an, sondern einzig, ob sie in ihrer Gewöhnung an solche Zwiespältigkeit aufrichtig bleiben können.

Da gab es zum Beispiel den Sehr Ehrenwerten William Waldgrave, der in einer Fernsehdiskussion behauptete, zwischen Arbeitslosigkeit und Delinquententum bestehe keinerlei Zusammenhang. Das sei statistisch erwiesen. Von der Verbindung zwischen Langeweile und Delinquententum wurde seltsamerweise nicht gesprochen.

Ein junger Häftling, der im Zusammenhang mit der Auseinandersetzung zwischen Lord Woolf, dem eminenten Richter, und Michael Howard, dem Innenminister, interviewt wurde, hat ausgesagt, er sei zum Verbrecher geworden, weil er durch Arbeitslosigkeit in eine verzweifelte finanzielle Lage geraten sei. Dem habe er durch Einbrüche abhelfen wollen. Auf die Frage, ob er sich durch die Gefängniserfahrung geläutert fühle und nunmehr bereit sei, auf den schmalen Pfad der Tugend zurückzukehren, meinte er ruhig und bedacht, wenn sich die Dinge zum Zeitpunkt seiner

Freilassung nicht geändert hätten, glitte er sicherlich erneut ins Verbrecherdasein ab.

In der imaginären Akademie der etablierten Wertvorstellungen führt Lord Woolf gewiß den Titel eines Magisters. Aus seiner überreichen Erfahrung mit den Tiefenschichten der Gesellschaft erstellte er einen Bericht, in dem es hieß, das Gefängnis sei keine Lösung, und schlug Reformen vor, die den Einfallslosen wie Zugeständnisse an die Gesetzesbrecher vorkamen.

Als Schulpräfekt wußte Mr. Howard es natürlich besser. War er nicht eben bei einem »Parteikonferenz« benannten Beisammensein in einem Versammlungszimmer bis zum Gehtnichtmehr beklatscht worden, als er strengere Maßnahmen und längere Strafen für Verbrecher versprach?

Es gibt sogar Leute, die sich für die ultimative Lösung aussprechen, das Todesurteil nämlich – eine arbeitssparende Vorkehrung, die uns Nachdenken, Zeit und vor allem den letzten Rest Mitleid erspart, ohne welches sich das Leben auf einen Katalog gedankenloser Körperfunktionen reduziert. Diese alarmierende Tendenz der Rückkehr zu drakonischen Lösungen geht einzig auf die Krise zurück, die mittlerweile den ganzen Planeten erfaßt hat. Kein Land bleibt ausgenommen. Inzwischen dauert die Krise schon länger als alle ihre Vorgängerinnen. Ans Dunkel gewöhnte Augen glauben am Horizont ein Fünkchen Licht zu entdecken. Doch sobald auch nur die geringste Erholung aufscheint, werden wir augenblicklich von den Auguren gewarnt, wie äußerst anfällig sie sei. Und mittlerweile hat manchen von uns der Krebs der Langeweile befallen, ein Mangel an Würde, der mit Müßiggang einhergeht, wenn ihn die erniedrigendste Form der Barmherzigkeit begleitet, jene nämlich, die widerwillig fürs Nichtstun erübrigt wird.

Aus dem Schuttboden sprießen Neonazis, die eifrig den Nervenkitzel verkrampfter Dummheit zu beschwören suchen, der – jedenfalls bei ihnen – überschäumende physische Aktivität an die Stelle der allesverschlingenden Apathie setzt. In Frankreich lassen sich die Bauern ein nicht weniger konstruktives Ablaßventil für ihren Frust einfallen, indem sie in einer Hymne auf sinnlose Verschwendung Gemüse auf die Straßen leeren. Die zornigen Mitarbeiter von Air France setzen sich auf ihre Startbahnen, um Flüge zu verhindern, und das bloß, weil es ihrer zu viele gibt. In Italien gönnt man sich im Kampf gegen die Korruption an höchster Stelle eine Atempause, indem man nach unten tritt. Am einen Tag liegen die Busse still, am nächsten die Züge und am dritten die Flugzeuge.

Da will es einen schon seltsam anmuten, wenn in der zügellosen Verwirrung und Widersprüchlichkeit, in deren Fängen Rußland schmachtet, ein möglicher Rückgriff auf alte Gewohnheiten durch Abwesenheit glänzt. Vielleicht, weil es einfach nichts gibt, was als Vorbild zu beschwören sich lohnt. Dort fängt man bei Null an und kann sich an kaum etwas orientieren außer am gesunden Menschenverstand.

Nun hat das neben dem gelegentlichen Vorteil auch Nachteile. In gewissem Sinn sind unsere Schulpräfekten doch wieder tröstlich, und sei es nur als Kegel auf unserer Bowlingbahn. In Rußland gibt es niemand, der mit gleicher Arroganz wie der Schulpräfekt vorgeben kann, es besser zu wissen, vielleicht mit Ausnahme von Boris Jelzin. Selbst jene, die ihm widersprechen, tun es in erfreulich vernünftigen Tönen. Ich denke da beispielsweise an Madame Pamfilowa, die Ministerin für Sozialfragen. Großgeworden ist sie über die Ränge der kommunistischen Partei und wurde dann Gewerkschaftsführerin. Den neuen Umständen hat sie sich mit erstaunlicher Fertigkeit angepaßt. Als wir uns in der Nähe von Moskau zum ersten Mal trafen, fragte sie mich nach meinem Eindruck von den Krankenhäusern und Kinderheimen, die ich besucht hatte. Sie ließ nicht locker, wollte ausführliche Detailschilderungen von Einzelfällen: Sie hungerte nach Information, und sei sie noch so unbedeutend. Als sie uns am Flughafen verabschiedete, wozu sie eine verwelkende Blume als Abschiedsgeschenk mitgebracht hatte, machte sie genau dort weiter, wo sie beim letzten Mal aufgehört hatte.

Ich sagte ihr in der väterlichsten Stimme, die mir zu Gebote stand, wenn sie unentwegt das Allgemeine mit dem Besonderen auf einen Nenner zu bringen versuche, werde sie sich ewig im Kreise drehen. Sie pflichtete mir, wenngleich traurig, bei und gestand, ihr ganzes Interesse und ihre gesamte Sympathie gelte dem Einzelfall, während die landesweiten Regelungen herzlos und albern seien.

Ich erinnerte sie daran, daß sie Ministerin sei, worauf sie zurückgab: »Stimmt, höchste Zeit, daß ich meinem Mann das Abendessen bereite.« Die Blume segnete auf dem Flug das Zeitliche, trotz aller Fürsorge, die ihr die Stewardeß angedeihen ließ. Doch Madame Pamfilowa vergißt man nie, vielleicht, weil sie keine Präfektin, sondern eine gelehrige Schülerin ist.

Einer ihrer Mitarbeiter sagte mir, sie habe im Parlament vorgeschlagen, hochrangige Militärs brauchten ihre luxuriösen Wochenend-Datschas nicht mehr; diese sollten lieber kranken Kindern zur Verfügung gestellt werden. Ein Tisch, unter dem Jelzin ihr gegen das Schienbein hätte treten können, stand gerade nicht da. Ja, sie ist eine begabte Schülerin, unentwegt auf der Suche – und keinen Augenblick eine Präfektin, die des lieben Anscheins willen vorgibt, auf alle Fragen eine Antwort parat zu haben.

28. Oktober 1993

Halbgötter unter Demokraten

Nie werde ich den Augenblick vergessen, in dem George Bush die amerikanischen Präsidentschaftswahlen verlor. Mit zur Axt geformter Hand unterstrich er seine Worte, das amerikanische Volk sehne sich nach Führung. Kaum hatte er das gesagt, wanderte sein Auge auch schon leicht vom Kurs ab, kroch ein Schatten des Zweifels über seine Selbstgewißheit und schien auch er einen Moment lang nach Führung zu suchen.

Will der Mann auf der Straße wirklich geführt werden, oder ist das nur das Produkt der Einbildung einer ehrgeizigen Person?

Gewiß wimmelt es in der Welt von Leuten, die Führungsqualitäten zu besitzen vermeinen. Sie gehören zu den schlimmsten Geißeln der Menschheit, angefangen bei den verhältnismäßig harmlosen wie etwa den lästigen Zeitgenossen, die während des Krieges in Luftschutzbunkern Choräle anstimmten, bis hin zu den rundweg gefährlichen, die an dem Wahn leiden, vom Himmel mit Charisma gesegnet worden zu sein. Natürlich gibt es auch welche, die diese Qualität besitzen, aber die meisten haben sie nicht.

Nicht immer ist Führung von der Tugend umstrahlt, die George Bush ihr zumißt. Wir brauchen uns nur den alldeutschen »Führer« ins Gedächtnis zu rufen, um zu erkennen, in welche Abgründe Gehorsam führen kann. Auch die biblische Schweineherde von Gadara und die Lemminge, die sich ins Meer stürzen, hatten ihre Führer, ganz zu schweigen von den gestrandeten Walen und den Vögeln, die sich in Düsentriebwerke verirren.

Aller unseliger Erfahrung mit Diktaturen in der Vergangenheit zum Trotz gibt es auch heute Leute, die im Rahmen der Demokratie etwas milder verlangen, daß man ihnen folge.

Mittlerweile wird der Begriff Demokratie, ich sag' es rund heraus, nur allzuoft von Leuten mißbräuchlich im Mund geführt, die sie in Abwandlung von Othello, jenem anderen Opfer, nicht klug, doch zu sehr lieben. Zu oft wird Demokratie als Credo anstatt als das verstanden, was sie ist: als Rahmen, in dem sich widersprechende Meinungen äußern können. Sie bietet, und das ist viel, die prekäre Garantie, daß die Dinge nicht aus dem Ruder laufen, daß sich der kühle Kopf durchsetzt, der gesunde Menschenverstand die Chance hat, sich gegen grölende Mengen und belfernde Halbgötter zu behaupten. Daraus folgt vernunftgerecht, daß sie stets anfällig bleibt und darum häufig beschworen wird.

Den hohen Wert der Demokratie zu beschwören fällt Lady Thatcher allzeit leicht. Ihr stets wacher Intellekt sagt ihr gewiß, daß solche Versicherung allezeit not tut, während sie dem Diktat ihres eigenen Charismas folgend Führungsqualitäten unter Beweis stellt, die keinen Streit zu dulden scheinen und Widerstand nur zu dem Zweck hervorrufen, ihn zu brechen. Nun wird sie zweifellos argumentieren, sie benutze die Privilegien der Demokratie lediglich dazu, um ihren Willen anderen, weniger machtvollen Willen aufzuzwingen.

Gegen eine so gekonnte Verteidigung vorzugehen ist sinnlos. Dennoch sollte man gerechterweise sagen, daß sie sich zwar hellsichtig stets makellos an die Regeln hält, es aber doch Momente gibt, in der ihre Fähigkeit, erbarmungslos zu sein, durch die etwas säuerliche zarte Tünche durchscheint und uns schaudert bei dem Gedanken an die Konsequenzen, sollte dieses Temperament mit seiner Reiterin durchgehen. Ist dann die Ruhe wieder eingekehrt, erklärt sie mit entwaffnender Bescheidenheit, was immer auch geschehe, das letzte Wort liege beim Wähler. Daß dieses letzte Wort auch hingenommen wurde, zollt ihrer Fähigkeit, bittere Pillen wie süße Bonbons zu schlucken, ebenso Tribut wie dem Räderwerk der Demokratie.

Desgleichen hat sie hingebungsvoll an einer anderen Erfolgsstory gestrickt – dem Erscheinen ihres Buches –, ist zum Signieren von Stadt zu Stadt gereist. Da ich derselben Tätigkeit für ein sehr viel bescheideneres Eigenprodukt fröne, kann ich gar nicht umhin, die Klatschfetzen abzukriegen, die in Buchläden wie Schaum von einem Schnellboot sprühen. Offenbar hat sie sich eine Unterschrift zugelegt, deren Vollzug maximal acht Sekunden benötigt und verdächtig an einen industriellen Durchbruch gemahnt. Gleichzeitig zögert sie, sobald eine persönlichere Widmung erbeten wird, vermutlich in der Meinung, auch jetzt noch sollte sie sich ausschließlich der Nation als ganzer widmen. Darin äußert sich ein einmaliges Charisma, das unvermeidlich eine Leere hinterläßt. Viele Lichtpunkte gibt es im heutigen Panorama allgemeiner Verdüsterung ja nicht.

Bei Boris Jelzin blitzt gelegentlich einer auf, doch ansonsten bevorzugt Jelzin eher den verdrießlichen Anschein, vielleicht in der Meinung, den fänden die Russen überzeugend. Natürlich gab es da auch die diskret arrogante Tasse Tee, an der er nippte und in der er rührte, während er das Parlament auflöste, was verborgene Intrigantentalente verriet.

Wer dächte nicht an Alexander Jakowlews Ausspruch, Gorbatschow sei ein Demokrat, der die Demokratie fürchte, Jelzin hingegen ein Undemokrat, dem Demokratie keine Angst einjage. Was immer er sein mag: Jelzin ist ein Politiker, der es versteht, sein Pulver trocken und seine Reserven intakt zu halten, bis sie wirklich benötigt werden. So grob, ja lümmelhaft er sich geben kann – ein gewinnendes Grinsen gehört zu seinem Reservepotential allemal. Verglichen dazu lassen sich andere Führungsgestalten der Welt eher langweilig an.

François Mitterrand, seines Zeichens sozialistischer Präsident einer Rechts-der-Mitte-Regierung, hat sich die Verschwiegenheit einer Sphinx zugelegt, die zur rechten Zeit ihren Orakelspruch von sich gibt. Wie ein Prospero unserer Zeit ist dieser redegewandte und ungemein begabte Mann taktvoll in ein nur selten gebrochenes Schweigen verfallen, das geheimnisumwoben und unbezweifelt majestätisch wirkt. Je weniger er sagt, desto stetiger steigt sein Aktienwert, während sein stocksteifer Premierminister Balladur seine Kurse purzeln sieht, weil er dauernd reden muß. Auch dies ist ein Geheimnis der Demokratie, die als Gleichmacherin dem Tod in nichts nachsteht. Reden ist Talmi, Schweigen gerät fast zwangsläufig zu Gold.

In Deutschland besteht heilsamer Führungsmangel. Nach der Geschichte dieses Jahrhunderts ist dieses offenkundige Stagnieren machtvoller Überzeugung wie ein langgedehnter Seufzer der Erleichterung. Herr Kohl spricht uns in fast mutlos wirkendem, monotonem Gewäsch an, ganz als störe ihn etwas, das rein gar nichts mit Politik zu tun hat, vielleicht ein Schuh, der drückt. Keiner seiner Gegner gibt irgendwelche Töne von sich, von denen das Ausland Notiz nähme, vielleicht mit Ausnahme von Außenminister Klaus Kinkel, jung und erfrischend frei von der Leber.

Ansonsten erweckt nur noch Andreas Papandreou Sorge, weil er erstaunlich ist für sein Alter und vor allem ein reueloser Sozialist.

Der Sozialismus steht bei den Führern der Demokratien dieser Welt nicht mehr im Kurs, und das zeigt, wie demokratisch sie sind. Freiheit bedeutet offenbar auch Freiheit von Subventionen (genauer: sichtbarem Protektionismus), damit die Mächtigen weiterhin mächtig und die Schwachen schwach bleiben können. Oder um es mit den Worten eines britischen Obersten zu sagen, dessen Buch ich im Krieg für ein paar Pfennige erstand: »Ich habe fast keinen Zweifel, daß es noch nicht zu spät ist, die Demokratie auf Vordermann zu bringen.«

Also geschrieben im Jahre 1928. Wäre er noch am Leben, man hätte zweifellos für ihn einen Platz in den vorderen Regierungsbänken gefunden. Das nennt man Führung. Stillgestanden!

5. November 1993

Lady Thatchers Lektion

*I*ch weiß noch genau, wie Lady Thatcher vor ihrem Machtantritt einmal zu mir sagte: »Ich habe über das nachgedacht, was Sie neulich meinten. Sie hatten unrecht, wissen Sie.«

Das ist nicht neu, und so war ich wenig überrascht, fühlte mich aber dennoch geschmeichelt, daß sie über etwas nachgedacht hatte, was ich offenbar mit immerhin so viel Nachdruck vorgetragen hatte, daß es einer Gegenmeinung wert war.

Mir ist ein so ausgeprägtes Beharrungsvermögen fremd. Da ich die liebe Lady fast ein Jahr lang nicht gesehen hatte, sah ich mich gezwungen, nachzufragen, was ich denn von mir gegeben hätte.

Offenbar war es etwas über die Russen zu der Zeit, als Gorbatschow noch am Ruder war. Meine Bemerkung ging von der damals recht gewagten Annahme aus, die Russen seien Menschen wie alle andern. Lady Thatcher ließ mich wissen – es roch geradezu nach dem Durchsickern eines Geheimdokuments –, es gebe in Rußland keinerlei öffentliche Meinung. Worauf ich mich nach meiner Erinnerung zu der Aussage hinreißen ließ, davon auszugehen sei immer gefährlich, denn die öffentliche Meinung könne zwar geknebelt, erstickt, unterdrückt werden, sei aber immer da und warte nur auf die Chance, sich äußern zu können.

Es dauerte mehrere Jahre, bis ich merkte, wo mein Denkfehler lag.

Während ich so auf den Augenblick der Wahrheit wartete, ging mir einiges über die Politik im allgemeinen durch den Kopf. Wie bei allem im Leben kommt es auch bei der Meinung, sogar in ihrer öffentlichen Spielart, ganz auf den Abstand an, aus dem man die Dinge betrachtet. Jene, deren tägliches Brot die Berichterstattung über ihr Auf und Ab ist, reagieren zwar mit der Geschwindigkeit von Börsenmaklern, doch was ihnen ihre Emsigkeit beschert, ist nicht Weisheit, sondern bestenfalls Information.

Weisheit setzt einen olympischen Beobachtungsposten voraus. Nur aus großer Ferne wird erkennbar, welche Muster sich herausbilden, ähnlich wie bei den Weltraumaufnahmen von Mutter Erde, die den Wetterfröschen so hilfreich sind. Diktatoren besitzen nur selten die Zeit noch den Willen zu einer langfristigen Betrachtung des Lebens. Dazu sind sie viel zu besessen, ihren Stempel zu hinterlassen und Unsterblichkeit zu erringen.

Den Hitlers und Napoleons dieser Welt fehlte es ebenso an Vorstellungskraft wie den Mao Tse-tungs und Stalins; sie waren so eitel und letztlich auch naiv, das Unmögliche zu versuchen und die Zeit zu vergewaltigen. Doch die Zeit hält nicht inne, und niemals bleibt ein Ruf so, wie er sich in dem irrwitzigen Augenblick ausnahm, als der Mann auf dem Rednerpult unter der Litanei der Schlagwörter vermeinte, es werde ihn ewig geben. Jetzt erinnern an die Nazi-Epoche nur noch die häßlichen Überreste der Konzentrationslager und ein paar miese Skinheads, die krampfhaft der Unflätigkeit gebrechliche Dauer zu verleihen suchen.

Mao, als dessen größter Feind sich nicht etwa der Kapitalismus, sondern ganz einfach das Greisenalter erwies, warf sein rotes Platitüdenbüchlein auf den Markt und erklärte mit seiner Kulturrevolution allem Alten den Krieg – ausgenommen nur sich selbst.

Stalin, der Nacht für Nacht in einem anderen Bett schlief, machte jedem den Garaus, der ihm auch nur entfernt bedrohlich werden konnte. Das war eine neue Form der Sicherheit in der großen Zahl – der Zahl der Getöteten.

Napoleon, nachher immer ein wenig klüger als vorher, besaß einen reichen Schatz an Klischees wie etwa den Spruch: »Vom Sieg zur Niederlage ist es nur ein Schritt.« So jammert ein Roulettespieler, wenn die Kugel zögernd der

Gewinnziffer zurollt und dann in den Schacht direkt nebenan fällt.

All diese Helden hätten uns viel Ärger ersparen können, wenn sie erkannt hätten, daß ihr Auftrag von Anfang an unmöglich war. Ihren Stempel haben sie schon hinterlassen, aber der interessiert nur noch die Historiker.

Die Spuren ihrer einstigen Präsenz sind fast verweht, und das zeigt, wie hinfällig militärische Eroberungen sind und wie machtvoll die Zeit untergräbt, was einstmals in Stein gemeißelt schien. Es ist schon aufschlußreich, daß einzig Männer des Geistes über die Zeit zu obsiegen sich rühmen können, deren erwähltes Schlachtfeld des Menschen Herz und Geist sind und deren Waffe Überzeugungskraft heißt: Männer wie Buddha, Jesus oder Mohammed (die Reihenfolge ist streng alphabetisch). Was also bestimmt darüber, ob sich das Schicksal gegen jene wendet, die zuviel für sich verlangen, und jene auf uneinnehmbare Sockel stellt, die eine Botschaft der Demut verkünden, wenn nicht jener letzte Schiedsrichter mit Namen öffentliche Meinung? Läßt uns nicht die öffentliche Meinung nachhaltig immer wieder zur Norm zurückkehren, führt uns weg vom noch so überzeugend klingenden Extrem?

Natürlich bemühen sich die Diktatoren nach Kräften, die öffentliche Meinung nach ihrem Bild zu formen, aber auf Dauer schlägt dies immer fehl. Hätte Stalin sonst alles daran gesetzt, die Angst zu töten in Gestalt der zahllosen Unschuldigen, die seiner Meinung nach Angst auslösten? Eine entschlossene Autokratie hält sich nur, solange die Lebensbedingungen nicht unter ein bestimmtes Niveau absinken und körperlicher oder geistiger Hunger sich ausbreitet.

Die Strenge und Gefühllosigkeit der sowjetischen Autokratie hat letztlich nur den verhältnismäßig mühelosen Zusammenbruch einer ganzen Staatsstruktur gefördert. Genauso unvermeidlich war die Revolution von 1917, die eine Autokratie stürzte, welche Divisionen unzureichend gerüstet in die

Schlacht schickte und Sklavin gefährlich absurder Traditionen war.

Nichts anderes als die öffentliche Meinung hat sowohl die bolschewistische Revolution als auch den Zusammenbruch des kommunistischen Experiments erzwungen.

Vor kurzem wurde ein nach betonköpfiger Besetzung des russischen Weißen Hauses erklärter nationaler Trauertag notgedrungen Anlaß zum Showdown und zeigte, daß sich unvermittelt das Wesen der öffentlichen Meinung geändert hatte. Sie war plötzlich reif und widerborstig geworden, mißtraute den Extremisten.

Sogar Großbritannien, das sich in der Geschichte stets seines Gleichmuts gerühmt hat und der Macht der Meinung vielleicht mehr huldigt als irgendein anderes Land außerhalb der USA, mußte angstvolle Augenblicke erleben. Der Kampf um die Einschränkung der Gottesgnadenrechte der Könige war lang und erbittert, wurde zwar erfolgreich bestanden, ging aber nicht ohne den einen oder andern Schluckauf über die Bühne. Als Oliver Cromwell und seine Puritaner Charles I. köpfen zu lassen beschlossen, läutete dies eine seltsame Ära zur Schau getragener Frömmigkeit ein, während der die öffentliche Meinung sehr wohl unterdrückt wurde. Dennoch schwang sie unter der Restauration wieder die Flügel, und der Ausbruch schlüpfriger Lustspiele bezeugt, mit welcher Erleichterung zur Kenntnis genommen wurde, daß die Zeit von herunterhängenden Mundwinkeln und verschämtem Augenniederschlag vorbei war.

Nicht als historisches Faktum, sondern durch ihre Ideen hat die Französische Revolution von 1789 die Welt verändert. Als Faktum ging ihr der Dampf aus, so daß Napoleons Egotrip möglich wurde, aber ihre Ideen haben das Kaiserreich überlebt und sind noch heute lebendig.

Diese Ideen versetzten dem Königtum in Frankreich den Todesstoß und gebaren eine handfeste republikanische Tradition, die der herrlich organisierten Anarchie gepflegten französischen Denkens so viel gemäßer ist. England hingegen ließ sich durch Oliver Cromwells Experiment nicht irremachen und beschloß, die Monarchie sei das passendste Vehikel für die vernunftgebremste Arroganz, die es zur Schau zu tragen wünscht – denn wie alles unterliegt auch die öffentliche Meinung nationalen Verschrobenheiten.

26. November 1993

Der Druck der Straße

Was man »Gesellschaft« zu nennen beliebt, bedeutet Handeln nach ungeschriebenen, aber allgemein akzeptierten Regeln. Im Detail mögen sie von Ort zu Land verschieden sein, aber im Wesentlichen sind sie universal. Aus ihnen erwächst die Sprache, in der Diplomaten miteinander verkehren und die sogar in Übersetzung verständlich bleibt.

Wir wissen, was wir von den Vereinigten Staaten, Großbritannien, Frankreich oder Deutschland zu erwarten haben, und sind wir auch manchmal überrascht, so doch nur selten enttäuscht oder alarmiert.

Die Wertepfeiler, auf denen diese ungeschriebenen Gesetze ruhen, nennen sich zivilisiertes Verhalten, Duldsamkeit und Anstand. Und natürlich auch Demokratie, die ein Hinnehmen der anderen Meinung zur Folge hat, wenn es die Umstände erfordern, wobei die Wählerstimmen die Währung darstellen, mit der die Spielmarken der Macht erkauft werden.

Ausgerechnet das russische Fernsehen hat neulich eine höchst aufschlußreiche Untersuchung über die Erosion des Wahlverhaltens angestellt, vermutlich eine Folge allgemeiner Enttäuschung über die Politiker und mithin die Politik überhaupt.

Selbst ein für die Zukunft des Landes scheinbar so lebenswichtiges Ereignis wie die jüngsten Wahlen in Italien entging dieser konsequent fallenden Kurve nicht. Mag das Ergebnis auch Jubel oder Enttäuschung hervorgerufen haben – an der Wahlbeteiligung war nicht zu rütteln. Sie war niedriger als erwartet.

Unzuträglichkeiten sind nie der Öffentlichkeit anzulasten. Auf sie ist alles in allem viel mehr Verlaß als auf die politischen Parteien, nie tut sie etwas ohne Grund, und insoweit ist sie der einzige Maßstab der Demokratie.

Natürlich tragen alle diese sperrigen Gesellschaftsstrukturen ihr jeweiliges nationales Gepräge. So haben sich beispielsweise die Franzosen nie wirklich von der Revolution erholt. Vieles wird auf der Straße, nur relativ wenig in Büros beschlossen, noch weniger in einsamer Höhe.

Zwar meinte Ludwig XIV., »Der Staat bin ich«, aber von da an ging es mit diesem unaufhaltsam bergab. Als Reaktion auf das Gottesgnadentum der Könige braute sich immer mehr der Ruf nach Öffnung zusammen, der schließlich in den öffentlichen Hinrichtungen während der Revolution und darin mündete, daß überhaupt die Politiker den Angriffen von Flugblattverfassern und Neunmalklugen zur Verfügung standen. Des wahllosen Blutvergießens überdrüssig, als erst sämtliche großen Namen ausradiert waren, verlangsamte sich die Staatsmaschine und ließ zu, daß Napoleon problemlos das Ruder übernahm und sich am Gottesgnadentum der Emporkömmlinge versuchte. Trotz seines romantischen Hurrapatriotismus dauerte der Versuch kaum fünfzehn Jahre. Danach entschied sich Frankreich wieder für die Langeweile der Normalität, und zur Zeit der Pariser Kommune hatte die Straße ihr altes Privileg als Ort lärmender Proteste wiedergewonnen. Ende der sechziger Jahre hatte sich diese Tradition in einem Umfang breitgemacht, daß Frankreich nahezu Geisel seiner rebellischen Jugend war, und heute zwang der Straßenaufmarsch Jugendlicher die Regierung zur Rücknahme eines Gesetzes, das als Trumpfkarte im Kampf gegen die Arbeitslosigkeit gedacht war, von der Jugend aber für wirkungslos und fehl am Platze empfunden wurde.

Die seltsame Anfälligkeit der Franzosen für den Druck der Straße ist in gewissem Sinn als Kompliment an ihre Achtung vor der Freiheit des Geistes auf allen Ebenen zu werten. Die großen alten Gewerkschaften begegnen diesen flegelhaften Demonstrationen, die aus den Klassenzimmern und Hörsälen auf die Straße überschwappen, meist mit wohlwollendem Lächeln, schon allein deswegen, weil sie die Regierung wie einen begossenen Pudel aussehen lassen. Bei den Erwachsenen ziehen die wütenden Fischer und Bauern, die Fisch, Obst und Traktoren als Waffen benutzen, ebenso in den Krieg wie die Angestellten von Air France, die ihrer Beredsamkeit damit Ausdruck verleihen, daß sie die Startbahnen blockieren, und selbst wenn die Regierung den Forderungen nachgibt, kleidet man dies in die Form eines Kompromisses und nicht der Kapitulation.

Der Umgang mit den Jugendlichen ist recht beschwerlich, denn nur alte Narren können vergessen, daß sie es mit Leuten zu tun haben, die demnächst Erwachsene sein werden, deren Talente sich oft jetzt schon deutlich abzeichnen und die die Minister unablässig an die heikle Verantwortung von Eltern erinnern. So mag mancher Minister sehr wohl einen Propagandisten bei sich beherbergen, womit sich die Wortgefechte im Kabinett des Nachts zu Hause fortsetzen.

In England gäbe es dergleichen wohl nie, denn dort gibt der Anschein der Stabilität den Ausschlag und kann eine Regierung offenkundig ohne zu wanken, beliebig viele Schläge einstecken. Die einzigen, die dort je in der öffentlichen Arena wirklich gepunktet haben, waren als strahlende Ausnahme, welche die Regel bestätigt, die Suffragetten. Doch wohlgemerkt, mit aufmüpfigen Frauen werden die bloß privilegierten Männer genauso schwer fertig wie mit aufmüpfigen Jugendlichen.

Die Geschichte Amerikas ist jüngeren Datums, moderner und weniger rückwärtsgerichtet. Dort entwickelt sich die Politik im Fernsehen, und der Reformeifer der Clintons geht derzeit nicht unerheblich dadurch ins Leere, daß ein altes Grundstücksgeschäft zur Seifenoper stilisiert wird, die Amerika die Sprache verschlägt und den Rest der Welt völlig gleichgültig läßt.

Der einzige gemeinsame Nenner all der vielgestaltigen Demokratien ist bedauerlicherweise das organisierte Verbrechen, jene ebenso durch und durch pragmatische wie geistlose Kraftquelle mit ihrem unersättlichen Hunger nach dem urtümlich Primitiven.

8. April 1994

Flirt mit dem Tod am Steuer

*D*er vorzeitige Tod von Ayrton Senna beim Großen Preis von San Marino wirft eine Unzahl weitreichender Fragen auf. Die Reaktion darauf war teils rational, teils eindeutig shakespearisch in ihrer Omenhaftigkeit: das Wie-durch-ein-Wunder-Entrinnen des Jungfahrers Rubens Barrichello zwei Tage zuvor während der Probeläufe; der Tod des ebenfalls vielversprechenden Fahrers Roland Ratzenberger am Vortag; schließlich das schreckliche Ende von Sennas Karriere, der mit einer Geschwindigkeit, wie kaum je einer sie zu Land erreicht hat, an einer Betonmauer zerschellte.

Von einigen Seiten gab es Andeutungen eines Fahrfehlers, was bei einem der Großen aller Zeiten schon fast wie eine Unverschämtheit anmutet, aber immerhin möglich ist. Andere sprachen von Sennas eigenen bösen Vorahnungen – womit Shakespeare seine Schatten wirft.

Er saß am Steuer des Fahrzeugs, das er sich schon so lange gewünscht hatte, und alles schien auf eine triumphale vierte Weltmeisterschaft hinzudeuten. Aber in den beiden ersten Saisonrennen hatte ihn das Pech verfolgt, so daß er keinen einzigen Punkt einheimsen konnte und sein neuer Erzrivale Michael Schumacher ihm schon 20 Punkte voraus war. Einem Sieggewohnten muß das durch den Kopf gegangen sein und ihn zumindest beunruhigt haben.

Nun, im Gefolge dieses schrecklichen Ereignisses, reichen die Reaktionen von praktischer Sprachlosigkeit und der fatalistischen Feststellung, Motorrennen sei ein gefährlicher Sport, bis hin zu den treffenderen und störenderen Überlegungen von Altmeistern des Sports wie Lauda und Prost, die sich mittlerweile zwar zurückgezogen haben, sich aber der Risiken sehr bewußt sind und denen ein knappes Davongekommensein nicht fremd ist. Max Mosley, Sprecher der die Formel

Eins beherrschenden Zunft, der Fédération Internationale de l'Automobile, meinte, die Fahrer hätten viel zu viel anderes zu tun, als daß sie groß über Sicherheit nachdenken könnten, und was sonst kann man erwarten von den modernen Gladiatoren, deren Entlohnung jedes Maß übersteigt. Der Gefahren bewußt sind sie sich bestimmt. Aber dieses plötzliche tragische Kapitel nach einem Jahrzehnt, in dem die Sicherheit die Oberhand gewonnen zu haben schien, zwingt sie, wieder einmal über Grundfragen nachzudenken.

Riesige Geldmengen fließen in den Motorsport – wie ins Rauchen. In beiden lauert der Tod. Gleichwie Raucher um der Augenblicke des Vergnügens willen den Gefahren zu trotzen gewillt sind, trotzen ihnen die Fahrer um der Erfüllung ihrer Leidenschaft und der winkenden Prämien willen. Dies wird, wenn sie Glück haben, zu ihrem Lebens-, andernfalls zu ihrem Todeselixier.

Die volle Bedeutung einer Person wird im öffentlichen Leben seltsamerweise erst im Augenblick ihres Todes deutlich. So wußten wir zwar alle, daß Ayrton Senna ein begnadeter Fahrer war, aber seine wirkliche Bedeutung dämmert uns erst jetzt, da seine Kameraden sich in São Paulo versammeln, um seine Bahre zum Grabe zu tragen, eine dreitägige Staatstrauer angeordnet ist und Brasilien halbmast flaggt.

Was immer geschieht – ein so schwerer Verlust läßt sich nicht allein dem Schicksal zuschreiben. Um erträglich zu sein, benötigt er auch eine positive Seite. Und hier fallen die Aussagen von Prost und Lauda schwerer ins Gewicht als die Äußerungen irgendwelcher Funktionäre. Während eines Rennens trägt ein Fahrer auch Verantwortung für die Sicherheit seiner Kollegen. Es gibt geschriebene wie ungeschriebene Höflichkeitsregeln bei Rennen, aber jene, die die Risiken tragen, brauchen mehr Mitspracherecht bei den Regeln, die sie einzuhalten haben.

Beim Boxen werden die Kampfbedingungen von reichen Mittelsmännern ausgehandelt. Kämpfe werden zwar oft abgebrochen, aber selten nur wird ein Boxer disqualifiziert. Die Ironie des Schicksals will es, daß auch dieser Sport vor kurzem einen Todesfall zu beklagen hatte, und was man die hehre Kunst der Selbstverteidigung zu nennen pflegte, ist in sich gegangen.

Doch nur im Motorsport verharrt die schmerzliche Aura des Einzelkampfes in ihrem endlosen romantischen Flirt mit dem Tod. Es obliegt den Fahrern, ihre Verantwortung voll und ganz zu schultern. Denn sie – und sie allein – sitzen am Steuer.

13. Mai 1994

Daß Bogie ein Toupet trug, ist längst vergessen

Wann endet Vergangenheit und beginnt Geschichte?

Daß Humphrey Bogart wie James Dean oder Elvis zu einer Kultfigur werden würde, hat damals kein Mensch geahnt. Als die Leute herausfanden, daß ich mit »Bogie« gearbeitet hatte, fragten sie mich nach Anekdoten oder Fetzen seiner Einmaligkeit, die in den Schründen meines Gehirns verborgen lägen.

Nun helfe ich ja immer gerne, muß aber gestehen, daß er zu meiner Zeit keineswegs Thema historischer Forschung, sondern einfach ein Mann war, dem ich während der Drehdauer eines Films fast jeden Morgen mit der typischen, beiläufigen Herzlichkeit begegnete, die alle Nomaden meines Metiers auszeichnet.

Es ist ein interessantes Unterfangen, zu ergründen, warum jemand erst nach dem Tod öffentliche Bekanntheit erlangt. Bogie war vom Kult des Antihelden beseelt, ehe die Schwarzeneggers und Stallones wieder dem Muskelprotz als nachahmenswertem Vorbild für Schwächlinge und Abenteuersüchtige zum Recht verhalfen. Bogie entbehrte jeglicher Perfektion. Er lispelte, seine natürlichen Zahnreihen waren alles andere als strahlend, und er trug ein Toupet. Seine Verachtung für die Kosmetik verlieh ihm eine beneidenswerte Rauhbeinigkeit, war der Sieg der Wirklichkeit über die Konventionen männlicher Schönheit.

Was die Leute haben wollen, sind natürlich Einsichten, die ihnen den Eindruck vermitteln, als sei der Gegenstand ihrer Anbetung – und sei es stellvertretend – noch am Leben. Wenn ich mich an irgendeine wertvolle Nebensächlichkeit erinnern konnte, dann gewann er für jemanden wieder reale Gestalt.

Nicht alles Triviale vergeht. So weiß ich noch, welchen Stuß man auf uns ablud, als ich vor 67 Jahren eingeschult wurde. Mit der Zeitgeschichte begannen wir, als man uns schon mit so vielen Daten bombardiert hatte, daß Geschichte uns bloße, längst überholte Eisenbahnfahrpläne dünkte. Das hat zur Folge, daß das Thema unwirklich und abstoßend wirkt, anstatt neugeschaffene, täglich erneuerte, lebendige Chronik zu sein. Täglich erneuert, weil die Revisionisten am Werk sind. Churchill, an den sich die meisten als Signal erinnern, daß in seinem belagerten Land noch Leben und Wille vorhanden waren, erscheint in einigen feindseligen Neubewertungen plötzlich als Rassist. Gewiß vermittelte er manchmal den Eindruck, er treffe Entscheidungen ohne große Rücksicht auf dadurch verursachtes Leiden, aber das dürfte eher auf das Wesen seiner Zunft als auf Gefühllosigkeit zurückzuführen sein.

Inzwischen gibt es schon Apologeten für die meisten Schurken der Geschichte. So sagt man uns, Richard III. sei ein großer König gewesen und Blaubart nur mißverstanden worden. Nero gilt als visionärer Stadtplaner. Demnächst wird man uns noch beibringen, Hitler habe in seiner Freizeit seine Mutter vergöttert, und König Herodes habe am liebsten mit seinen Enkeln gespielt. Immerhin: Der Revisionismus verhindert, daß die Geschichte zu einer amorphen Masse gerät, die sich jeder Vorstellung entzieht.

Wie wird das Urteil über die führenden Gestalten von heute ausfallen?

Michail Gorbatschow steht einfach deswegen unangefochten in einer Reihe mit den großen Männern dieses Jahrhunderts, weil er mit seinen ungewöhnlichen Initiativen den Kalten Krieg beendet hat. Nun kann die Zukunft uns durchaus eine Lage bescheren, in der man dem Ende des Kalten Krieges Konflikte und Ungewißheiten anlastet, aber damals war das der einzige Ausweg aus der schrecklichen Sackgasse.

Sodann haben wir das unwahrscheinliche Duo Mandela und de Klerk. Wie durch ein Wunder haben es hier zwei Männer, die von Natur aus im Gegensatz zueinander zu stehen schienen, von denen der eine siebenundzwanzig Jahre im Gefängnis saß, der andere an der Spitze einer traditionell unterdrückerischen Regierung stand, die Vergangenheit abzulegen vermocht. Wenn eine so phantastische Kehrtwendung in den verhärteten Bahnen südafrikanischen Vorurteils möglich war, sollte sie sich auch in Nordirland, Bosnien und zwischen den Hutu und Tutsi von Ruanda vollziehen lassen.

Sicher werden die Revisionisten der Zukunft an allem Gesagten Anstoß nehmen, aber wer es miterlebt hat, erinnert sich wenigstens noch der Wirkung und ihrer Erleichterung, als in Afrika wie im Ostblock die Spinnweben des Vorurteils weggeblasen wurden.

Was jetzt noch bleibt, sind die Hunderte Kleinkriege in der Welt, und nicht zuletzt die lähmende Unentschlossenheit Europas.

So jedenfalls der Eindruck vor der Revision …

20. Mai 1994

Hamlets Synchronstimme

An wunden Punkten besteht in dieser Zeit kein ausgeprägter Mangel. Da wir gerade jetzt demütig der im Krieg für uns gebrachten Opfer gedenken, sollten wir da nicht auch den Toten der anderen Seite einen Gedanken widmen? Die Maßstäbe geraten durcheinander, wenn sich soviel Feindschaft Bahn bricht namens unserer Toten, die den Geist der Lebenden nicht mehr beeinflussen können. Dagegen lassen wir uns in unserem Verhältnis zu den Lebenden von Pragmatismus, Opportunität, Profitdenken und anderen Erwägungen leiten.

Heute mißt man Deutschland einen gewichtigen Einfluß auf das Schicksal Europas zu. Seinen Sportlern klatschen wir zu, seinen Geschäftsleuten zollen wir Respekt, seine Bankiers haben unser Ohr. Nur seine Toten lösen unerfreuliche Reaktionen aus. Man fürchtet, wenn man die Vergangenheit auf sich beruhen lasse, lösche man erzieherisch wertvolle Erinnerungen wie etwa das Echo des brüllenden Feldwebels aus.

Der Tod ist Neuland für jeden. Er ist der große Gleichmacher; was danach kommt, weiß niemand. Die alten Ägypter sahen ihn als lange Reise, die Griechen als Durchqueren eines trüben Flusses, die Europäer als Gabelung zweier Treppen, von denen die eine nach unten, die andere nach kurzem Zwischenaufenthalt aufwärts führt.

Das einzige, was wir vom Tod wissen, ist, daß er das Ende des Lebens bedeutet. Verurteilt man jene, die sich an der Gesellschaft versündigt haben, zur Todesstrafe, so ist das im Grunde ein falsches Wort. Das einzige, wozu man sie verurteilen kann, ist, aufzuhören zu leben. Denn der Tod entzieht sich jeglicher Definition, aller ehrfurchtgebietender menschlicher Anmaßung zum Trotz wie etwa der schwarzen Kappe, die sich englische Strangrichter über die Perücke zu streifen pflegten, um einfältigen Geistern heilige Furcht einzujagen. Bei der

Urteilsverkündung benutzten sie Worte, die nahezu von Gotteslästerung troffen: »Der Herr erbarme sich deiner Seele.«

Der Krieg fackelt nicht lange, wenn er sich seine Opfer aussucht, und die wir mit hehrer Inbrunst ehren, können durchaus einer verirrten Kugel, schierem Pech oder gar »eigenem Feuer« zum Opfer gefallen sein. Die Schönheit und Feierlichkeit des Todes verlangt, daß keine Fragen gestellt werden. Respekt und Achtung bleiben, und das ist gut so.

Darum sollten wir auch den Anstand besitzen, den Unglücklichen anderer Völker gleiche Rücksichtnahme entgegenzubringen. Ohne die Deutschen hätte überhaupt kein Anlaß bestanden, an Frankreichs Küsten zu landen, kein Auslöser für Banner, Medaillen und Trommelrühren. Wenn ein solcher Jahrestag ohne jede, und sei es symbolische Anwesenheit des einstigen Feindes begangen wird, der mittlerweile zum zuverlässigen Partner beim Aufbau Europas geworden ist, dann schleicht sich unversehens ein uraltes Vorurteil als Mißton in die Harmonie der Stunde. Mag uns der Gedanke trösten, daß sich die Toten an solche Kontroversen nicht kehren und die Albernheiten den Lebenden überlassen.

Daß es an solchen Albernheiten nicht gebricht, zeigt beispielsweise das Gezänk im Schatten des GATT-Abkommens. Die Amerikaner haben sich oft schon verärgert darüber geäußert, daß Menschen anderer Kulturen keine Neigung zeigen, Englisch zu sprechen. Das gilt sogar für ihre eigenen hispanischen Minderheiten. Wobei die Amerikaner Kultur nicht etwa im Sinne nationaler Identität, sondern lediglich aufgrund kommerzieller Erwägungen, früher gar anhand der Gewerkschaftsgesetze definieren.

Ende der dreißiger Jahre entwarf meine Mutter ein Ballettbühnenbild für den großen Choreographen Anthony Tudor. Bei der Aufführung in den USA wurde dasselbe Bühnenbild dem amerikanischen Künstler Raymond Sovey zugeschrieben. In den fünfziger Jahren hatten sich die Dinge immerhin schon soweit gebessert, daß dem berühmten französischen Bühnenbildner Jean-Denis Malclas, der die Dekoration für mein Theaterstück *Romanoff und Julia* in London entworfen hatte, die Ungerechtigkeit erspart blieb, daß seine Arbeit für die Aufführung in New York einem anderen zuerkannt wurde. Als besonderes Entgegenkommen blieb das Bühnenbild im Programmheft einfach unerwähnt. Und heute erleben wir großes Gekrähe um »geistiges Eigentum«!

1980 führte ich *König Lear* in Stratford, Ontario, auf. Das kanadische Fernsehen CBC wollte einen Fernsehfilm daraus machen. Das durfte es aber nicht, weil sich unter der vierzigköpfigen Besetzung auch eine australische Schauspielerin befand. Das verstieß gegen die Gewerkschaftsregeln. Die amerikanischen Schauspieler und ich blieben aus irgendeinem Grund ausgenommen. Die Gewerkschaft lud mich zum Tee ein, um mir ihre Position zu erläutern. Worauf ich erwiderte, nachdem man eben vierzig kanadische Darsteller um ihr Fernsehhonorar gebracht habe, scheine mir Tee wirklich eine unnötige Dreingabe. Später wurde der CBC eine sechsstündige Dokumentarreihe über russische Geschichte angeboten und wegen nicht ausreichenden kanadischen Inhalts abgelehnt. Nun läßt sich im Rußland des 13. Jahrhunderts schwerlich viel Kanadisches einbringen, weshalb sich ein anderer Kanal der Sache annahm. Als sich die fertige Serie bei der BBC als Schlager erwies, veranstaltete der Kanadische Hochkommissar in London einen Empfang mit anschließendem Bankett, um diese kanadische Leistung gebührend zu feiern. Da man mich um eine Tischrede gebeten hatte, konnte ich mir nicht den Hinweis ersparen, wenn man ein Produkt mit genügend kanadischem Inhalt versehen wolle, eigne sich nichts besser dazu als der Erfolg.

Und so geht er weiter, der endlose Kampf gegen grobschlächtige Fehlentscheidungen an hoher Stelle, und als Ziel bietet sich heute Frankreich an, das die geistvolle Verteidigung seiner wunderschönen Sprache so weit treibt, auch das letzte Fetzchen Englisch als Verrat an den Menschenrechten zu brandmarken. Die Hexenjagd auf jegliche Verunreinigung hat begonnen. »Tie break«, eine amerikanische Erfindung, wird in Roland Garros durch »jeu décisif« ersetzt.

Der bislang jüngste Schlag galt nicht nur den albernen Lebenden, sondern gleich auch noch den hehren Toten, die weiß Gott ungestörte Ruhe verdient haben. Monsieur Jacques Toubon, seines Zeichens Kulturminister, führt seinen Lieblingskrieg gegen die Bazillen fremder Herkunft, indem er »Cinéclub« aufs Korn nimmt, das beliebte Programm im französischen Fernsehen, das alte Meisterwerke des Kinos zeigt. Es heißt jetzt »La France en film« und zeigt fortan nur noch französische Meisterwerke.

Sollte Laurence Oliviers *Hamlet* je ein Sendeplatz eingeräumt werden, wird seine Stimme vermutlich von einem französischen Schauspieler gesprochen und Shakespeares Text durch lippengerechte Synchronisierung verhunzt werden. Oder anders gesagt: Wiegten sich große Schauspieler in der Hoffnung, daß ihre Kunst dank des Films nicht mehr am Theaterabend verwehte, sondern sie sich in den Ruhmeshallen der Welt endlich den Schriftstellern, Malern und Musikern zugesellen durften, so wird ihnen auch schon wieder die halbe Freude genommen durch Beschlüsse wie diese, die den Verwaltungsleuten zur Wonne, der Kultur zum Schaden gereichen.

Preisfrage: Was ist der Unterschied zwischen Laurence Olivier und IRA-Terroristen?

Antwort: Es gibt keinen. Beide sprechen im Fernsehen mit fremder Stimme.

3. Juni 1994

Skandale sind auch nicht mehr das, was sie waren

Skandale gibt es heutzutage in Überfülle, aber sind sie wirklich skandalös, oder ist »Skandal« nur noch eine billige Worthülse? Der Prozeß gegen Oscar Wilde erlangte einst eine traurige Berühmtheit, die man heute der Bigotterie der damaligen Gesellschaft zuschreibt. Seine Tragik lag darin, daß er nicht nur eine führende Leuchte der Gesellschaft war, sondern seinen Ruhm eben dem Publikum verdankte, das sich dann so brutal gegen ihn wandte. Heute würde der seinem Namen anhaftende Skandal zwar immer noch Schlagzeilen machen, aber der Aufmerksamkeit des Lesers bald entzogen durch einen neueren Skandal, der nur darauf wartet, endlich ausbrechen zu dürfen. Fremdgehen ist zwar etwas ganz Alltägliches, aber immer noch ist es nicht allgemein akzeptiert, daß jeder – sei er nun »normal oder abnormal veranlagt« – gar nicht anders kann, als seine Leiche im Schrank zu haben, und vor allem geht alle Welt unvernünftigerweise davon aus, wer im Rampenlicht der Öffentlichkeit stehe, habe sich in dieser Beziehung unmenschlicher Vollkommenheit zu befleißigen. Diese allmählich schwindende Vorstellung ruft unter den moralisierenden Stockschlägen der Medien immer noch Unbehagen hervor, dürfte indes den Weg allen Fleisches gehen, weil die veränderten Umstände andere Gewohnheiten gebären.

Der dünnlippige Puritanismus der Vereinigten Staaten verleiht dem Reinheitsgebräu der Freiheit um jeden Preis Farbe und sorgt dafür, daß sich hysterische oder ehrgeizige Damen urplötzlich erinnern können, daß ihnen der Präsident vor Äonen, als er noch eine geringere Funktion innehatte und sich darum vermutlich weniger vorsah, mal an die Wäsche wollte. Die unwandelhafte Bezichtigung lautet, daß sich der hohe

Amtsinhaber entblößt habe – offenbar das einzige, was sich während der Bürostunden an fleischlichem Wissen kundtun läßt –, und flugs verlangt die Boulevardpresse, die Dame müsse, was sie sah, bis ins kleinste Detail offenbaren.

Doch ehe man sein Geld für ein Skandalblatt hinblättert, sollte man erst einmal tief Luft holen. Was sie sah, dürfte ziemlich auf der Hand liegen, und einzig zweifelhaft ist, ob sie denn überhaupt viel gesehen hat, aber solchen Zweifel zu nähren liegt ganz und gar nicht im Interesse der Zeitung. Fakt ist natürlich, daß der Präsident eine perfekte Zielscheibe abgibt, nicht nur für alternde Damen mit zweckdienlichem Erinnerungsvermögen, sondern gleich auch für die ganze, zumindest dem Anschein nach ernst- und ehrenhafte politische Opposition.

Prozesse sind ein abendfüllendes Freizeitprogramm für alle, die nicht die Muße haben, nach Las Vegas zu pilgern, das ihm insoweit nahe kommt, als sich auch dort ein Vermögen gewinnen oder verlieren läßt, sich aber insoweit unterscheidet, als der Schlußgewinner in diesem Fall immer das Kasino, im andern unweigerlich der Anwalt ist.

Es waren einmal bestimmte Berufssparten, die von Natur aus der Zurückhaltung und dem Anstand huldigten. Doch heutzutage überschlagen sich manche Anwälte und Ärzte geradezu auf Kundenfang. Kommt es in der Dritten Welt zu einer Katastrophe in einer Fabrik, die begüterten Amerikanern gehört, werden Anwälte aus den Vereinigten Staaten eingeflogen, um die Ansprüche der trauernden Verwandten gegen die Mutterfirma zu orchestrieren. Womit der Traum vom Land der unbegrenzten Möglichkeiten lediglich zum logischen Ende geführt wird. Alles hat seinen Preis, von der kleinen Entbehrung bis hin zum Verlust des Lebens.

Ich selbst wurde der Erfahrung eines Arztes auf Kundenfang teilhaftig, als ich mit meiner Frau in einem Restaurant in Palm Beach tafelte. Von einem anderen Tisch kam ein Essensgast zu uns her und sagte, er habe bemerkt, daß ich an der Oberlippe ein Muttermal hätte. Da mich seine Offenbarung nicht überraschte, fuhr er fort, er sei Schönheitschirurg und könne es zu einem günstigen Preis beseitigen. Ich ließ ihn weiterreden, weil ich wissen wollte, wie weit er gehen würde. Er verabschiedete sich unter Hinterlassung seiner Visitenkarte, auf der er mit Tinte den Tarif vermerkt hatte, und mit der Versicherung, ein so günstiges Angebot gebe es nirgends. Mein Muttermal trage ich immer noch, nunmehr mit dem dankbaren Gefühl eines Tieres, das der Schlachtbank entronnen ist.

Zur Zeit entscheiden die Amerikaner über die Zukunft von Oliver North als Kongreßabgeordnetem. Er versucht, sich ausgerechnet zu dem Gremium rechtmäßigen Zugang zu verschaffen, das er während der Irangate-Anhörungen so schändlich belogen hat. Aber wenn man aus offensichtlich patriotischen Gründen lügt, kommt man offenbar in den Vereinigten Staaten unbehelligt durch, vorausgesetzt, der Lügner nutzt jeden Trick der Scheinheiligkeit und das Tremolo des bedrückten Gewissens. Mag uns das auch als miserable Vorstellung eines schändlichen Librettos dünken, so findet Geschmacklosigkeit in einem freien Land doch immer seine Anhänger, schon gar, wenn sich andeuten läßt, die Lügengeschichte sei Teil heroischer Selbstaufopferung zugunsten eines großen Kommunikators gewesen, der dessen, was er kommunizierte, nicht mehr ganz Herr gewesen sei.

Großbritannien ist immer noch einer Skandalsucht verfallen, deren Wurzeln ins viktorianische Melodram hinunterreichen. Das neueste Ärgernis tummelt sich in trübem Wasser, lebt mehr von anzüglichen Anspielungen als von Fakten und betrifft einen ehemaligen Verteidigungsminister, der seinerseits von zwei mächtigen, verblüfft dreinschauenden Hunden und den hehren Prinzipien seiner Frau verteidigt wird. Außerdem gibt es da noch einen Richter, zwei Töchter und eine andere Frau sowie eine Schwiegermutter. Was sie einander alles angetan haben und wie sie zueinander stehen, ist höchst konfus, von der Tatsache mal abgesehen, daß sie es sich angelegen sein lassen, mit der Reitpeitsche aufeinander einzudreschen. Was dem sogenannten Skandal einen erfrischenden Stallgeruch verleiht. Die einzige Ausnahme in dieser Flagellanten-Phantasmagorie bildet die Schwiegermutter, die sich dahingehend äußerte, am liebsten würde sie einem den Hosenboden versohlen – ob dem Minister oder dem Richter, ist mir entfallen.

Skandale wie diese höhlen den Begriff aus. Auf dem europäischen Festland gibt Untreue an sich noch keinen Skandal her. Es gibt im Leben so etwas wie allgemein akzeptierte, dehnbare Grenzen, die der einzelne auch braucht, um die Schlupflöcher in der Gesetzgebung finden oder deren Anomalien korrigieren zu können. Eine gewisse Lust zum Abenteuer gilt dort nie als Nachteil der politischen Begabung einer Person. Zugegeben, es hat im französischen politischen Leben eine Reihe von Selbstmorden gegeben, aber die Gründe für sie bleiben zweifelhaft. Die französische Vorstellung von europäischer Solidarität wird derzeit ein wenig dadurch belastet, daß ein französischer Industriekapitän wegen Korruptionsverdachts in einer belgischen Gefängniszelle schmachtet. Solche Sandkörner im geölten Getriebe der Finanzwelt sind keine Seltenheit. Ein deutscher Bauunternehmer verduftete unmittelbar vor dem Bankrott und hinterließ den Banken einen Schuldenberg. Ein türkisch-zyprischer Magnat flüchtete gegen Kaution aus England und erhielt in seinem Ursprungsland Asyl.

Banken und Großfirmen kommen und gehen. In Italien sind schon ganze Parteien über Nacht von der Bildfläche verschwunden. Das alles gibt eine Nachricht ab, aber die fast schon romantische Bezeichnung »Skandal« verdienen ausschließlich Dinge, bei denen es um Männer und Frauen und Mitmenschen geht. Des weiteren gibt es Leute, denen ein potentieller Skandal zugute kommt. Sodann gibt es Skandal-Immune wie John Major. Zwar wurde versucht, auch ihn in einen zu verwickeln, aber er wischte ihn mit derselben Sorglosigkeit beiseite wie die Möglichkeit eines Wahlsieges von Labour. Er ist ein eindrucksvoller Überlebenskünstler, ein Talent, das freilich selten Geschichte schreibt. Grau in grau macht noch keine Eminenz. Gäbe es auch nur eine winzige Chance, ihn durch ein Skandalfitzchen zu beleben, dürfte man größere Hoffnungen für ihn hegen, aber seine Äußerungen über die Schande derer, denen nichts anderes übrigbleibt, als auf der Straße zu nächtigen, zeigt schon, wie wenig er von Ärgernis und Skandal versteht, und seiner Karriere ist es auch nicht gerade dienlich. Er ist zu sehr über jeden Tadel erhaben.

10. Juni 1994

Wer genießt schon Horrorfilme?

Morgen also die Welt. Und was als nächstes? Übermorgen das All? Es ist ein besonderes Wesensmerkmal des Machthungers, daß er sich nimmer stillen läßt, und wer sich einem niemals zu stillenden Hunger verschreibt, muß ein wenig beschränkt sein. Oder sagen wir es weniger verletzend: Er braucht eine verengte Vorstellungskraft.

Hätte Hitler überhaupt angefangen, wenn er ins Kalkül gestellt hätte, daß seine Saga anders als mit dem totalen Sieg enden könnte? Ein Hitler ist man, wenn die eigene Verbohrtheit so weit geht, daß man Alternativen ausschließt. Genau. Ergo: mangelhafte Vorstellungskraft. Dennoch war Hitler in den Augen der wachsenden Bataillone seiner Feinde und der anschwellenden Ränge derer, die kein gutes Haar an ihm ließen, nichts als ein Mensch. Man mußte ihm auf die harte Weise beibringen, daß Tagträume wie die seinen alles andere als unterhaltsam sind. Die einzige Macht, die ihm noch verblieb, als sich sein Glück in Unglück verwandelte, war dafür zu sorgen, daß auch seine Feinde ihre Lektion über ihn auf die harte Weise lernten.

Macht ist nie eine vollendete Tatsache. Es genügt nicht, sie zu ergreifen; man muß sie auch behalten. Und ihr Besitz erweckt Ressentiment, Neid und Empörung bei jenen, die von ihren angeblichen Freuden ausgeschlossen sind. Stalin durfte zwar im Bett sterben, aber hat er je die Macht, die er besaß, auch genossen, wenn seine Gedanken auf Reisen gingen und sich die Gewißheit, sterblich zu sein, mehr und mehr verdichtete? Durch Gewalt erlangte politische Macht ist unweigerlich vorübergehender Natur. Moralische Macht, ohne Waffen, sondern allein mit dem Wort und dem persönlichen Beispiel erworben, erweist sich da schon erheblich dauerhafter, aber wiederum enden ihre Protagonisten entweder wie Christus am Kreuz oder erliegen wie Mahatma Gandhi der Kugel eines Mörders.

Seine berauschendsten Augenblicke hat Hitler wahrscheinlich während seiner zügellosen Reden im Bierkeller und beim Triumph nach der Ernennung zum Reichskanzler empfunden, als er auf dem Rücksitz des offenen Wagens neben dem Trauerkloß und damaligen Reichspräsidenten, Feldmarschall Hindenburg, dem Jubel der Menge lauschte. Danach war der Erfolg nur noch langweiliger, von ermüdenden Zusammenkünften mit den Generälen und der Notwendigkeit, zu allem und jedem eine Meinung zu haben, gesäumter Alltag. Solcher tagtäglicher Druck kann gar nicht anders, als letztlich in die Katastrophe führen, wenn das Stehvermögen nachläßt und persönliche Überlegungen sich in die anfänglich reine Vision zu schleichen beginnen.

Die Lust auf politische Macht auf Kosten anderer kann eine normale Person nur schwer begreifen. Moralische Macht läßt sich schon eher verdauen, da sie keine offenkundig bösen Absichten gegen das körperliche Wohlbefinden anderer hegt, wobei die vielen in den USA grassierenden Sekten auszunehmen sind, welche die Einsamkeit und Ziellosigkeit des einzelnen durch Pseudo-Dogmen der Verehrung einer einzigen Person ausbeuten.

Auch der Fundamentalismus muß als zeitgenössische Ausnahme von der Regel gelten, die Feder sei machtvoller als das Schwert. Irgend jemandem ist da wohl der Gedanke gekommen, das Schwert in den Dienst der Feder zu stellen, oder genauer: das Wort habe dafür zu bürgen, daß bei der Suche nach der Wahrheit kein Raum für die Vorstellungskraft bleibt. Der Fundamentalismus ist ein Ausbund der Rückschrittlichkeit, das endgültige Aus für jeglichen Abenteuersinn, eine Weigerung, zuzulassen, was zwischen den Zeilen steht, ein Vorhang, der dem Tageslicht den Zutritt verwehrt, das doch unser Geburtsrecht ist. Ist auch jeglicher Machtmißbrauch verwerflich, so gehört dieser zur schlimmsten Sorte. Es war die Freiheit des Geistes, die jedem großen Fortschritt der Menschheit zugrundelag. Sokrates, Plato, Spinoza, Einstein, Galilei – die Liste derer, die nichts vollbracht hätten, wenn sie von Fundamentalismus befallen gewesen wären, ist endlos. Der Fundamentalismus ist Verneinung der existentiellen Vernunft.

Natürlich gibt es neben den Schlachtfeldern der politischen und moralischen Machtausübung noch ein drittes, das finanzielle nämlich, das sich dem durchschnittlichen Armen leichter erschließt als die anderen. Seit urdenklicher Zeit strebt der Mensch nach Reichtum einer Größenordnung, die ihn aller Sorgen des Lebens enthöbe, aber dieses Streben funktioniert nur selten zur Zufriedenheit des Träumers.

John Paul Getty wird sogar nachgesagt, er habe in seiner Prachtvilla Münztelefone aufgestellt, damit seine Gäste nicht auf seine Kosten telefonieren konnten. Das zeugt allerdings kaum von Vermögen als gutem Ruhekissen. Silvio Berlusconi ist jetzt nicht nur Herr eines Medienimperiums, sondern gleichzeitig Regierungschef – eine Machtmischung, die selten gut ausgeht. Warum einer, der auf der Suche nach industrieller Macht so viel erreicht hat, seinen Einfluß auf die Politik ausdehnen wollen soll, bleibt ein Geheimnis. Das Imperium ist dünn geworden und ächzt unter Schulden, und Berlusconi braucht jegliche Hilfe, die er bekommen kann, um sicherzustellen, daß nicht demnächst eine Linkskoalition die Regierung übernimmt und ihm das Dasein als Industriellem völlig unmöglich macht.

Ein großer Industrieller ist allerdings jemand, der schnelle Entscheidungen trifft und dabei Instinkten folgt, die sich in der Vergangenheit als unfehlbar erwiesen haben. In der Regierung greift solche selbstherrliche Herrschaft einfach nicht, denn dort muß jede Maßnahme transparent und vom Konsens getragen sein. Regieren ist als Einrichtung darauf angelegt, den Selfmademan zur Verzweiflung zu treiben, und so fragt man sich, wie lange der quirlige Berlusconi es noch erträgt, daß seine Zeit vergeudet wird.

Rupert Murdoch läßt keine Anzeichen dafür erkennen, sich anders als bestenfalls als supranationale graue Eminenz in die Falle politischer Macht locken zu lassen. Der zum Amerikaner gewordene Australier agiert in Großbritannien und den USA, und so dürfte es ihm schwerfallen, seine offenkundige Macht direkter auszuüben, aber er scheint sich ja auch in seiner jetzigen Rolle pudelwohl zu fühlen. Der britische Zeitungspreiskrieg, den er angezettelt hat, zeigt zur Genüge, auf welche Weise er sich Freuden der Abwechslung verschafft.

Bernard Tapie in Frankreich ist der einzige, der von seinem Thronsessel gestoßen wurde und seine Tage in der Hundehütte fristen muß. Doch diese Hundehütte ist immerhin ein großes Mietanwesen samt Swimmingpool in Marseille. Tapie hat es verdient, ist er doch als einziger dieser Herren mit Ausnahme des verstorbenen Robert Maxwell wenigstens eine amüsante Persönlichkeit. Ist Macht etwas zum Genießen? Genießt man Horrorfilme?

19. August 1994

Wer war Carlos?

Denken wir einen Augenblick über etablierte Wertvorstellungen nach. Der versehentliche oder bewußt herbeigeführte Tod ist unannehmbar. Wird er indes als Rache für einen anderen Tod und aufgrund eines anerkannt legalen Prozesses verhängt, ist er nicht nur annehmbar, sondern oft auch gesetzlich.

Vorzeitiger Tod als Folge von Krankheit oder Unglück ist tragisch. Tod im fortgeschrittenen Alter ist normal. Tod im Krieg gilt oft als ruhmreich, sofern er in Uniform eintritt. Tod im Krieg, aber in Zivilkleidung, kann als subversiv, hinterhältig, heldenhaft oder heimtückisch gelten, je nach der Seite, auf der man steht.

Der Tod Unschuldiger ist manchmal unvermeidlich, manchmal tadelnswürdig, manchmal bewußt herbeigeführt. Tod, den Versicherungspolicen als »höhere Gewalt« bezeichnen, wird als Pech angesehen, hat Anspruch auf fernen Respekt, läßt ahnen, daß in der Formel auch ein Stückchen Aberglaube steckt, und verursacht vorübergehende Schauer im Angesicht des Übernatürlichen.

Hinzu kommt natürlich der Faktor Zeit. Die Erinnerung an Tragödien verblaßt. Ihren Ursprung hat diese Träumerei in der Gefangennahme eines berühmten Desperados namens Carlos und den seltsamen Reaktionen, die sie in der geheimnisumwobenen »Gemeinschaft der Geheimdienste« ausgelöst hat.

Inwieweit es eine solche Gemeinschaft tatsächlich gibt, weiß niemand genau, aber gemessen an dem, was sie zu unserem Wissen beiträgt, dürfte ihren Mitgliedern in Sachen Intelligenz nicht allzuviel abverlangt werden. Die ersten Reaktionen bei Nennung des Namens Carlos sind etwas unsicher, insbesondere bei den Jüngeren, weil sich diesen Namen inzwischen ein Komiker angeeignet hat, den man viel häufiger zu Gesicht bekommt als den einstigen Terroristen.

Ihm – dem Terroristen, nicht dem Komiker – wird die allemal hohe Zahl von 83 Morden zur Last gelegt. Die Zahl verdanke ich dem nicht gerade duckmäuserischen Charles Pasqua, Innenminister Frankreichs seines Zeichens, der sie in einer Pressekonferenz genannt hat. Die Verhaftung von Carlos wurde mit unverhohlenem Stolz als Mischung aus einem Kommandounternehmen erster Güte und skrupelhaft legaler Reaktion auf ein französisches Amtshilfeersuchen dargestellt. Sowohl der französische Minister, der von einem Briefwechsel zwischen ihm und seinem sudanesischen Kollegen sprach, als auch der Chef der Militärregierung von Sudan betonten so angelegentlich, zwischen den beiden Regierungen habe es keinen Kuhhandel gegeben, daß man gar nicht anders kann, als das Gegenteil zu vermuten.

Unmittelbar danach traten Mitglieder der Geheimdienstgemeinde auf und gaben ihre Kommentare ab, die zum Teil selbstverständlich, zum Teil reinste, mit der gewichtigen Miene exklusiven Insiderwissens vorgetragene Spekulation waren. Carlos habe für Ceausescu, für die Tschechen, die Ungarn und Ostdeutschen und, natürlich, die Sowjets gearbeitet. War nicht Iljitsch sein wirklicher Name, Anklang an Lenin und Opfer seiner wohlhabenden, dem Kommunismus verfallenen Eltern auf dem Altar der Revolution?

Als das Kartenhaus im Osten einstürzte, begann Carlos nicht unvernünftigerweise zwischen Irak, Syrien und Libyen hin und her zu wandern, das weiterhin dem religiösen Fundamentalismus frönt, dessen Terrorismus sich jedoch gegen neue und ungewöhnliche Ziele wie ausländische Touristen, emanzipierte Schriftsteller und chinesische Techniker wendet. Als die Verantwortlichen in Carlos' Wohnung in Khartum einbrachen, entdeckten sie ein riesiges Versteck, in dem freilich keine Waffen, sondern Bier und Whisky lagerten – nicht gerade das geeignete Instrumentarium für einen Heiligen Krieg. Womit ersichtlich wurde, daß er so etwas wie in Pension gegangen war, weil seine kriegerische Streitlust ihren Nutzen überlebt hatte und er zu einer aufs Halbdunkel reduzierten Gestalt geworden war.

Wozu ihn also in dieser Spätphase überhaupt noch festnehmen? Wem bringt dieser hohle Sieg noch Gewinn? Den Franzosen? War er etwa ein Bauernopfer in ihrem Kampf mit dem algerischen religiösen Fanatismus? Oder den Sudanesen? Gehen sie mit solchem Anschein des Wohlverhaltens dem Westen um den Bart? Und damit, daß sie das Einfangen einer flugunfähigen Ente mit Hilfe von Drogen und Ketten, wenn man dem Verteidiger von Carlos glauben darf, als heldenhafte Tat erscheinen lassen? Die Geheimdienstler schwelgen in einer Geheimniskrämerei, die ebenso unterhaltsam wie unwahrscheinlich ist.

Fast unmittelbar nach der Gefangennahme billigte man Carlos zwei Anwälte zu. Der eine davon ist Maître Mourad Oussedik, der andere Jacques Verges, eine schillernde Gestalt auf der französischen Rechtsbühne, Vorkämpfer schon im vorhinein verlorener Verfahren wie etwa dem von Klaus Barbie. Heute erzielte diese Schmeißfliege seines Berufes bei der Vorbereitung der Verteidigung von Carlos eine Schockwirkung mit der Behauptung, Carlos sei auf unrechtmäßige Weise aus dem Verkehr gezogen worden.

Le Monde weiß zu berichten, aus Dokumenten, die angeblich aus den Archiven der ostdeutschen Stasi stammten, gehe deren Komplizenschaft mit Carlos hervor. Immerhin interessant, zu sehen, wie ein so durch und durch diskreditiertes und übelbeleumundetes Geheimdienstorgan wie die Stasi augenblicklich volle Glaubwürdigkeit genießt, sobald seine Informationen dem heute Erhofften entsprechen.

Unterdessen beschrieb ein britischer Kommentator den für die Festnahme von Carlos verantwortlichen General Rondeau als »ehrgeizig«, ein seltsames Adjektiv, das irgendwie pejorativ klingen soll. Die Israelis schwiegen sich zu diesem

Thema aus, als sei etwas, das ohne ihre besondere Rücksichtslosigkeit geschah, nicht der Rede wert. Und im Hintergrund rumort es unheimlich, ohne die CIA lasse sich dergleichen niemals wirksam bewerkstelligen.

Die Desinformanten der Geheimdienstkreise beziehen Ausgangsposition. Kaum ein paar Tage sind vergangen, und schon ist vieles passiert. Man geht davon aus, daß Carlos keinesfalls vor Ablauf eines Jahres vor Gericht kommen und das Verfahren sehr teuer sein wird. So hat Carlos ausreichend Gelegenheit, sich darüber zu wundern, wie die Zeit die Hände anderer ehemaliger Terroristen zu waschen vermocht hat, die mittlerweile geachtete Leute sind.

26. August 1994

Kein Remake der Schweinebucht

*E*in Glücksfall, daß die Freiheitsstatue nicht in Fort Lauderdale steht, sondern in New York. Schon daß sie dort stand, war angesichts der Nähe zu Ellis Island schwer zu erklären, als dieses Guantanamo des Nordens noch existierte, aber heute ließe sich die Ironie hinter ihren stummen Lippen und blinden Augen in Florida noch schwerer rechtfertigen.

Wenn ich in diesen Tagen an Amerika denke, kommt mir als Adjektiv nur selten »mitfühlend« in den Sinn, »großmütig« noch eher, »mächtig« immer. Das ist der Preis für die Halberfüllung eines Traums. Dieser Traum nahm seinen Ausgang in dem, was damals die Dritte Welt war, die mit der strengen britischen Verwaltung über Kreuz lag.

Aus jenen Tagen stammen die Ideale der Gründerväter. Wo die nötigen Mittel zum Pragmatismus oder zur Bestrafung von Feinden fehlen, ist das Terrain reif zum Einpflanzen hoher Ideale und noch höherer Hoffnungen.

Das Potential des Landes war immer schon enorm, aber damals war es unterbevölkert. Als nun der Westen sich auftat, machten die Entrechteten diese neue Macht zum Ziel ihres Strebens. Sklaven waren als billige Arbeitskräfte importiert worden, mußten aber schließlich auch ihrerseits befreit werden, unter Blutvergießen freilich, das bittere Vorurteile und tiefsitzenden Haß zeitigte.

Für diesmal war Amerika seiner Zeit nicht voraus. Sogar Rußland hatte seine Leibeigenen noch am Tag vor Lincolns Amtseinführung befreit. Die Französische Revolution hatte schon fünfzig Jahre vorher die Sklaverei in den französischen Kolonien abgeschafft. Davor schon hatte England mit der Praxis Schluß gemacht.

In leichtlebigeren Ländern, in denen die Hitze der Mittagssonne eine eigene Logik erzwang, mischten sich Schwarz und

Weiß erheblich weniger mühsam als in den Teilen der Welt, die wie die USA und Südafrika von der Bigotterie des protestantischen Nordens befallen waren.

Optimisten mochten zwar den Einsturz der kommunistischen Hierarchie erwarten, aber nur wenigen wäre in den Sinn gekommen, sie könnte sich unversehens wie Badewasser durch den Abfluß verflüchtigen. Das ist an sich schon ein gewaltiger Fortschritt. Überraschend ist nicht, daß es geschah, sondern daß es mit wenig Blutvergießen vor sich ging und erheblich mehr Denken als Handeln gebar. Rußland ist wie ein Riesenreptil, das sich gehäutet hat. Es sieht anders aus, benimmt sich anders, und ist dennoch dasselbe geblieben.

Einst der Sowjetunion angehörende Republiken genießen jetzt nominelle Unabhängigkeit und handfesten Mangel. Gesunder Menschenverstand läßt die meisten von ihnen die Wiederaufnahme der alten Bindungen in der einen oder anderen Form anstreben.

China ist von niemandem abhängig, sogar Nordkorea entfernt sich allmählich von einem doktrinären Kommunismus, der noch weitaus verknöcherter und fragloser war als der in der sich auflösenden Sowjetunion, womit einzig Kuba noch an die schlimmen alten Tage der Konfrontation erinnert, in denen Chruschtschow mit dem Schuh aufs Pult schlug und das ganze mit Atomwaffendrohungen untermalte.

Kuba ist wegen seiner geographischen Lage besonders schlecht dran. Läge es woanders, es hätte Handelspartner in der Umgebung gefunden und sich unschwer den heutigen Gegebenheiten angepaßt. So aber ist es Opfer der uralten Monroe-Doktrin, die James Monroe als amerikanischer Präsident 1823 als Leitlinie für die Verteidigung der amerikanischen Interessen verkündete.

Ich kenne Amerikaner, die leidenschaftlich die These verfechten, diese Doktrin sei Bestandteil des Völkerrechts, was gar nicht stimmt. Sie diente Invasionen in Mexiko, Kuba, der

Dominikanischen Republik, Guatemala, Panama, Haiti und Grenada als einseitige moralische Rechtfertigung und erklärt, warum die lateinamerikanischen Staaten ihren mächtigen Nachbarn im Norden mit einer Mischung aus Ehrfurcht und Unruhe betrachten.

Jeder amerikanische Präsident dieses Jahrhunderts stand vor der Wahl, ob er hart durchgreifen oder intelligent handeln solle. Eine alles andere als faire Wahl, denn die Öffentlichkeit zieht hartes Durchgreifen vor, weil das den Mythos von Amerika als der Nummer eins unterstreicht und Führung versinnbildlicht.

Die internationale öffentliche Meinung gesteht, was die Bewaffnung anbelangt, Amerika den ersten Platz zu, hält aber die Amerikaner für miserable Schachspieler. Das Gepfusch in Iran und Nicaragua und der Fehlschlag des Angriffs auf Libyen sind nur drei Beispiele für unflexible Organisation, wie sie mit hoffnungsloser Übergründlichkeit einhergeht. Eine weitere Blamage war die Schweinebucht, wo castrofeindliche Kubaner mit amerikanischer Hilfe Fidel Castro zu stürzen versuchten. Das ging absolut daneben, und dieses Stigma ist hartnäckig. Kennedy soll, Castro meinend, gesagt haben: »Schafft ihn mir vom Hals.« Zwanzigmal ist es versucht worden, jedesmal ging's in die Binsen. Seither ist das Vom-Hals-Schaffen Castros zur Obsession geworden. Die Blockade Kubas dauert nun über dreißig Jahre. Mit der Behauptung, die Kubaner bauten in Grenada einen Militärluftstützpunkt, bot Ronald Reagan eine hoffnungslos überzogene Streitmacht für seine Invasion der Insel auf. Diese Ausrede war insoweit gelogen, als es sich um einen Zivilflughafen handelte, um den sich Grenada des Tourismus wegen seit Jahren bemüht hatte.

George Bush fiel unter schweren zivilen Verlusten in Panama ein, um General Noriega vor ein amerikanisches Gericht zu stellen. Moralisch war die Operation durch nichts zu rechtfertigen. Jetzt fühlt sich Bill Clinton versucht, den

Strick um Kuba enger zu ziehen, wohl weil strammes Durchgreifen zu Hause geschätzt wird. Castro reagiert darauf, indem er die Grenzen öffnet. Das Meer wimmelt von Kubanern, die sich auf den Weg machen zu ihren Verwandten in Amerika, dem Land der Freien. Die Amerikaner verweigern ihnen den Zutritt und leiten den Zustrom auf den amerikanischen Militärstützpunkt in der Guantanamo-Bucht um. Wäre dies nicht der Augenblick, wahre Führungskraft und Intelligenz zu zeigen und die Blockade zu lockern? »Castro tot oder lebendig« gehört in die Kategorie der Wiederholungen in der Sauregurkenzeit mit John Wayne, aber um Gottes willen doch nicht Bill Clinton als Star.

2. September 1994

Mitterrands Gefühl für Timing

*D*a stoßen sich zwei Menschenrechte exemplarisch im Raum, die sich in der Theorie ergänzen, in der Praxis aber manchmal völlig unvereinbar sind. François Mitterrand, seit vierzehn Jahren gewählter Staatspräsident Frankreichs, hat im Interesse des Informationsrechts der Öffentlichkeit freiwillig etwas aus seinem Privatleben preisgegeben. Nun kann sich Mitterrand solchen Luxus aus mehreren Gründen auch leisten. Erstens ist er ein Mann von ausgeprägter Intelligenz, was ihm nicht nur seine Feinde zubilligen, sondern er sich sogar selbst. Zweitens neigt sich seine politische Karriere dem Ende zu, ist er das Opfer einer breit diskutierten Krankheit sowie des zunehmenden Alters, und das alles bewältigt er mit seltener Meisterschaft.

Inzwischen hat er sich das leicht verzweifelte Aussehen zugelegt, wie es aktiven alten Kämpfern eignet, das Trost vermittelt und zugleich Trost erheischt. Er hat ein Lebensalter erreicht, in dem Beichten weniger schreckhaft sind als Fehlauslegungen und die Verquickungen eines Lebens für andere, vor allem junge Menschen, von Wert sein können.

In der Blüte der Mannesjahre läßt sich zwar intelligent und eloquent über die Probleme der Jugend reden, doch die Alten leisten einen viel besseren Beitrag, wenn sie mit diesen Problemen ohne großes Brimborium und weitschweifige Rechtfertigung instinktiv umgehen. Mitterrand redet frei von der Leber über all die Vorwürfe des Opportunismus und verweist auf die in der Opposition verbrachten Jahre und die Tatsache, daß die meisten zwar in der Jugend linkslastig sind und im reiferen Alter nach rechts tendieren, es bei ihm aber genau umgekehrt war.

Nun empföhle es sich gewiß nicht jedem Politiker, so entwaffnend offen zu sein wie Mitterrand. Die meisten aktiven

Politiker sind immer noch damit beschäftigt, an ihrem Image zu feilen und es möglichst zu verbessern, auch wenn sich niemand daran kehrt. Frankreich leidet noch immer unter den Fakten und Fiktionen der Kriegsjahre. Die Sorge um das gute Gewissen einer Nation nimmt vielerlei Formen an, die von Sturheit bis zur Untertreibung reichen. Niemand, schon gar nicht die Deutschen, konnte im voraus ahnen, in welch unmenschliche Barbarei sich Hitlers Exzesse versteigen oder welches Ausmaß sie annehmen würden.

Daß ein Volk solcher Führung erlag, ist unbestritten. Die Geschichte des letzten halben Jahrhunderts lehrt, wenn es wieder geschähe, dann jedenfalls nicht den Deutschen. Die Lektion war so schrecklich, daß fast jede Nation sie gelernt hat. Jetzt, hinterher, sind wir alle klüger. Präsident Mitterrand wird vorgeworfen, er sei unanständig lange der persönlichen Freundschaft mit René Bousquet treu geblieben, einem notorischen Funktionär des Marionettenregimes von Vichy. Im ersten Prozeß wurde Bousquet freigesprochen, danach betätigte er sich als erfolgreicher Geschäftsmann. Als neues Beweismaterial ans Licht kam, wurde ein zweiter Prozeß angestrengt, doch ehe er abgeschlossen werden konnte, wurde Bousquet ermordet.

Als Folge all dessen und von Mitterrands fast schon bübischem Eingeständnis jugendlicher Begeisterungsanwandlungen wie etwa dem Tragen suspekter Anstecknadeln in einer Zeit, als Frankreich noch geteilt war, ist in der Öffentlichkeit eine Lawine zum Teil blinder Gefolgschaft, zum größten Teil aber offener Feindschaft losgebrochen. Grenzenlose Heuchelei äußert sich auf Tonnen von Zeitungspapier, und an Zungenfertigkeit fehlt es den Franzosen ja nicht gerade. Ich will Mitterrand nicht reinzuwaschen versuchen. Er hat es gar nicht nötig. Wenn es möglich wäre, würde er wahrscheinlich genau denselben Kurs noch einmal einschlagen. Ich frage mich allerdings, ob persönliche Freundschaft überhaupt ein geeignetes

Thema öffentlichen Interesses sein kann. Traurige Tatsache ist, daß wie alles nun auch Politiker politisiert werden.

Amtsernennungen sind in vielen Ländern von der politischen Atmosphäre gefärbt, und Frankreich bildet da keine Ausnahme. Was man Kultur nennt, ist nie über die jeweilige Regierungspolitik erhaben. Das findet seinen Niederschlag im gesellschaftlichen Umgang und Klatsch und Tratsch an höchster Stelle. In Frankreich ist Mitterrand der einzige, der es sich leisten kann, sich über diese Regeln hinwegzusetzen. In Herz und Gemüt ist er immer noch Sozialist, aber das sieht man ihm nicht an, denn er ist inzwischen zum Staatspräsidenten geworden, krank, hellsichtig und großartig.

Junge Intellektuelle geben sich mittlerweile als Sachverständige in Dingen aus, die lange vor ihrer Geburt stattfanden. Sie behaupten, jedermann sei die Existenz von Konzentrationslagern und Gaskammern von allem Anfang dieser Alpträume an bekannt gewesen. Gewiß wurden in diesen unaussprechlichen Schlachthöfen Millionen Unschuldige ermordet. Aber die Fakten sickerten erheblich langsamer durch, als dies heute der Fall ist, und zunächst wurde die Wahrheit ganz einfach nicht geglaubt.

Alexander Jakowlew, der mit der Untersuchung der Verbrechen Stalins betraut ist, die denen Hitlers vergleichbar waren, sagte mir vor ein paar Wochen, oft könne er nach der Arbeit in den Archiven nicht schlafen. Und er hat jene Zeit als verantwortungsbewußter Erwachsener miterlebt. Erst jetzt beginnt er zu begreifen, was außerhalb seiner Sicht- und Hörweite tatsächlich vor sich ging.

Vergangene Woche saß ich mit Jassir Arafat und Shimon Peres im selben Raum beisammen und hatte die Ehre, mit ihnen zu sprechen, nachdem sie in einer Pause nach einem Unesco-Konzert ihre Gemeinsame Erklärung unterzeichnet hatten. Sie konnten nicht länger ihre Leistung und das Gefühl verheimlichen, daß hier Geschichte geschrieben wurde. Ich freute mich mit ihnen und spürte, daß die stille, langsam sich vortastende Diplomatie wieder ihre Adepten findet und das Wunder von Südafrika und die keimende Hoffnung in Nordirland ihrem Erfolg viel verdanken.

Was ich nicht sagte, war, daß ich vor fünfzehn Jahren, als ich in Stratford, Ontario, *König Lear* spielte, in Toronto eine Rede vor dem Institut der Wirtschaftsprüfer hielt. Darin erwähnte ich, zu guter Letzt werde sich Israel mit der PLO einigen, woraufhin die einen den Saal verließen, andere ihre Theaterkarten zurückgaben und Zionisten mir wütende Briefe schrieben.

Von Mitterrand kann man eine Menge lernen. Sein Timing ist perfekt. Und entgegen allem Anschein ist die Zeit auf seiner Seite.

23. September 1994

Plädoyer für Prinz Charles

Vor einiger Zeit schrieb eine Dame mit klaren Geschmacksvorstellungen an den *European* und fragte, warum ich der britischen Königsfamilie bloß so viel Zeit widme, wo sie selbst von diesem Thema doch die Nase gestrichen voll habe. Ich teile voll und ganz ihre Meinung, aber schließlich sind es die Briten selbst, die die Bewertung der Royals zur immergrünen Liebhaberei erheben.

Eine gewisse kraftvolle Strömung begrüßt die Bemühungen von Prinz Philip, aus dem Thronerben einen Mann zu machen, indem er ihn auf eine harte Schule schickte und zum Polospiel ermunterte. Dieselben Leute verurteilen jetzt Prinz Charles als »Schwächling« und behaupten, wenn ein Mann in den Vierzigern über seine Eltern, seine Ehe und seine lieblose Jugend lamentiere, sei das Selbstbemitleidung und unwürdig.

Genau dieselben Leute sind die Ursache dafür, warum sich das Land in seinem derzeitigen Schlamassel befindet und einem archaischen Ehrenkodex anhängt, der mit den heutigen Lebensformen völlig unvereinbar ist. Prinz Charles' Tragik liegt darin, daß er begabt ist und so empfindsam, wie es nur ein Talentierter sein kann. Diese Kritiker haben keinen Sinn für Talent und meinen, ein König habe dergleichen bestenfalls zu haben, wenn er es fertigbringt, es zu verheimlichen.

Derlei absurde Theorien verstoßen gegen die UNO-Charta der Menschenrechte und sollten entsprechend behandelt werden. Was gibt es an Empfindsamkeit auszusetzen? Was an Talent? Muß ein künftiger König denn ewig nur tumbe Würde ausstrahlen, als habe er nichts anderes zu tun, als für Briefmarken zu posieren? Was für ein Stuß, ein schandbarer Stuß. Alles an dem Mann deutet auf ein bisheriges Leben hin, das dem Ziel gewidmet war, aus einem schlechten Job das Beste zu machen.

Ich weiß noch, wie ich ihn einmal zu dem Mut beglückwünschte, mit dem Fallschirm aus einem Flugzeug zu springen. »So etwas brächte ich nie fertig«, sagte ich. »Brächten Sie schon«, gab er zurück, »wenn man Sie schubst.« Er wurde Zeit seines Lebens geschubst, zum Polo, ins öffentliche Leben, schließlich in die Ehe. Er versuchte denen zu gefallen, die große Hoffnungen in ihn setzten. Was Wunder, daß er sich nun mit Mitte vierzig von diesem einfallslosen Druck zu befreien sucht, der vielversprechende Aussichten und sehr viel guten Willen zur Farce verdarb.

Die ihm am Zeug flicken wollen, beschuldigen ihn, er unterhalte sich mit Pflanzen. Aber angenommen, er bekäme Antworten von ihnen und überhaupt von der Natur? Seine Kritiker finden die Sorge von Prinz Charles um das Gleichgewicht der Umwelt beschränkt, ja weibisch. Was ihn umzutreiben habe, sei die hohe Amtsheuchelei. Doch Prinz Charles gäbe nicht nur keinen katastrophalen König ab, sondern könnte zu einem weitaus besseren König werden, als ihn die Nation derzeit verdient.

Die britische Königin ist eine bewundernswerte Monarchin, nimmt ihren Auftrag äußerst ernst und stellt erfolgreich alle ihre Attribute unter den Scheffel, ausgenommen Intelligenz und Menschlichkeit. Prinz Philip hatte in seiner Jugend mit seinen eigenen Schwierigkeiten zu kämpfen und hat sie besiegt, blieb eine herzerfrischende Gestalt, die schnell mit einem Lachen zur Hand ist und denen, die sich davon nicht augenblicklich anstecken lassen, eine gewisse Ungeduld entgegenbringt. Ihr Verhaltenskodex hat seine Wurzeln in einem anderen Zeitalter, das von Königin Viktoria abstammt, als es Pflicht des Monarchen war, Interesse für alles vorzuschützen. Die Palastrevolution von Prinz Charles besteht einzig darin, Fragen zu stellen und sich dann eine Meinung zu bilden. Das freilich ist tabu. Doch wer im Griff der viktorianischen Tradition schmachtet, dem fehlt noch das rechte Gespür für die allesdurchdringende Macht der Medien.

In einem unbewachten Augenblick in St. Petersburg soll Königin Elizabeth einem russischen Teenager gegenüber verlautet haben, Manchester sei kein besonders hübscher Ort. Das rief die wütende Reaktion der Manchesterianer aller Art hervor, die sich beeilten, die kulturellen Aktivitäten der Stadt, ihren Geist und andere Tugenden zu beschwören. Seien wir ehrlich und gestehen, welche Qualitäten Manchester auch haben mag: »hübsch« würden es wohl nur wenige seiner Verfechter finden. Lebensprühend, eindrucksvoll, majestätisch vielleicht, aber sicherlich nicht hübsch.

Diese beiläufige Bemerkung, die im Zusammenhang gesehen fast schon ein Kompliment ist, und der Aufruhr, den sie ausgelöst hat, ist im Grunde eine Negierung der Freiheit der Rede. Man erinnert sich an Präsident Bushs Eingeständnis, er habe Broccoli noch nie gemocht. Das trug ihm die Feindschaft der Broccoli-Anbauer in Amerika ein. Was man politische Korrektheit zu nennen beliebt, gerät allmählich zur Zwangsjacke, aus der es kein Entrinnen gibt. Da entblödet sich die britische Presse doch nicht, ernsthaft zu behaupten, die physische Anwesenheit von Königin Elizabeth in Rußland besage in erster Linie, daß sie den Russen den Mord an ihren Verwandten verziehen habe. In ganz Rußland dürfte es kaum mehr als eine Handvoll zudem uralter Personen geben, die eines solchen Gedankens überhaupt fähig wären. Die Russen sehen lediglich eine gutgekleidete Dame aus fremdem Lande über die ihnen vertrauten Gefilde wandern und ergötzen sich daran. Das bringt ihre natürliche Gastfreundschaft zum Vorschein.

Boris Jelzin legte bei seinem Auftritt im Kreml sein bestes Verhalten an den Tag, lächelte sogar zu ein paar ironischen Bemerkungen der Queen. Was nicht hindert, daß sich die Gerüchte über seine Trinkgewohnheiten hartnäckig halten.

Lag er wirklich schlafend in seinem Flugzeug, während der irische Ministerpräsident Albert Reynolds samt Ehrengarde auf dem Asphalt des Flughafens warteten? Und wenn ja, warum wagte ihn keiner zu wecken? Allerdings muß man sich vor Augen halten, daß er der Präsident eines Landes ist, in dem als Preis für Jahrhunderte schlechten Wetters und nachlässiger Autokratie siebzehn Prozent aller Löhne und Gehälter für Alkohol ausgegeben werden. Alkohol ist eine traditionelle Methode des Anstoßens, Symbol der Gutwilligkeit. Sagen wir einfach, Jelzin habe eine Überdosis an Gutwilligkeit auszuschenken. Wobei nicht vergessen werden darf, daß es in erster Linie russische Kommentatoren sind, die ihm am meisten am Zeug flicken, so wie die giftigsten Pfeile gegen Prinz Charles von der Fleet Street abgeschossen werden.

Ich schätze es hoch, wenn eine Person Charakter hat, und meine deswegen, daß zwar kein Mensch vollkommen, aber ebensowenig irgendeiner durch und durch unvollkommen ist. So sage ich denn voraus, daß Prinz Charles ein hervorragender König für seine Zeit sein wird, selbst wenn es mir nicht vergönnt sein wird, dies noch zu erleben, und meine zudem, es sei jeder gut beraten, der die schlafenden Borisse weiterschlafen läßt.

28. Oktober 1994

Optimismus und kühle Logik

Vernünftigerweise ist in der himmlischen Wärme von Phuket am Andamanischen Meer im Süden Thailands konventionelle Kleidung kaum gefragt. In der Hitze schwellen die Fesseln auch ohne Socken und Schuhe. Schmerbäuche dürfen sich ohne viel Drum und Dran vergnügen, und es läßt sich herrlich Nabelschau betreiben, dutzendweise neben dem eigenen.

Man kommt dort der Natur so nahe, wie man in der Öffentlichkeit zu gehen wagt, und die Zivilisation scheint nur ein ferner Alptraum. Doch so weit entfernt ist sie auch wieder nicht, und schon laufen die Vorbereitungen für die schlimme Notwendigkeit einer Rückkehr in kältere Zonen. Das beschert den Wäschereien und Reinigungen Arbeit und ist der Grund, warum überall Kleider säuberlich in Plastiksäcken hängen und wie Sterbehemden im Schrank auf die befürchtete Rückkehr in den Alltag warten, nachdem man die herrliche Illusion der Freiheit genossen hat.

Auf diese Weise häufen sich in den Schubladen auch Dokumente und Visitenkarten, die man aus irgendwelchen Jacken gerettet hat. Man blättert neugierig durch dieses Register beiläufiger Begegnungen. Als erstes fällt mir die Visitenkarte vom Alido-Restaurant und -Park am Strand von Gaza City in die Hand. Das Alido ist selbst im Unglück noch ein heiterer Ort. Es ist eher Café als Restaurant und Bauplatz als Park, und auf dem Zuweg vom sittsam alternden Mercedes, der uns hingebracht hatte, lauerten gefährliche Schlaglöcher. Dorthin kamen wir vor einiger Zeit an einem unvergeßlichen Abend, um im erbarmungslosen Schein der Leuchtreklamen für die weltweit anzutreffenden amerikanischen Getränke Jassir Arafat zu interviewen.

Bis heute beschäftigt mich diese denkwürdige Begebenheit. Oft und oft sieht man Arafat und Shimon Peres zusammen.

Sie scheinen sich mehrmals pro Woche die Hand zu schütteln, und ich glaube fest, daß sie ihre Geste ehrlich meinen.

Peres ist ein Meister der Überredungskunst und ein Visionär, der sich weigert, ein Scheitern auch nur in Erwägung zu ziehen. Natürlich ist er viel zu klug und erfahren, um den Fakten aus dem Weg zu gehen, aber er sieht eben Tatsachen jenseits der Fakten, die wir sehen, und wer wollte sich erdreisten zu sagen, sein Optimismus sei fehl am Platze?

Dem Optimismus frönen beide, denn auch Arafat sieht die Dinge am liebsten positiv. Es gibt freilich auch die dunklere Seite. Jitzhak Rabin, stets angespannt wie ein Rennpferd, mit einer Neigung zum Kettenrauchen und einer Träne halb unterdrückter Emotion im Augenwinkel, ist ganz dazu berufen, den Dingen ins Auge zu sehen, so wie sie sind. Bei nur einer Stimme Mehrheit in der Knesset bleibt ihm ja auch kaum etwas anderes übrig. Fangen also irgendwelche Hitzköpfe an, auf einem umstrittenen Hügel die Bulldozer für neue Siedlungen in Gang zu setzen, dann verhüllt er sein Haupt und gibt Erklärungen ab, wonach ganz Jerusalem auf immer Israel gehöre. Er biegt sich unter dem Wind, bricht aber nicht, selbst wenn dies Konsternierung hervorruft bei weitblickenden Israelis, die mehr auf die Klugheit ihres Volkes als auf seine Eignung zum Eroberer setzen.

Unbestreitbar bedeutet der Bau neuer Siedlungen auf enteignetem Territorium einen Bruch des Völkerrechts, und auch noch so viele Rückgriffe auf alte Schriftrollen vermögen diese eiskalte Wahrheit nicht auszuradieren. Rabin reagierte nicht ungeschickt, als ich die Meinung äußerte, die fanatischen Israelis und die fanatischen Palästinenser stünden in Wirklichkeit auf der gleichen Seite und gegen die Gemäßigten beider Völker. Vehement verurteilte er den religiösen Fanatiker, der eine Moschee betrat und viele betende Araber erschoß, und sagte, er empfinde es als Schande, daß ein Israeli ein solcher Verbrecher sein könne. Indem er den Einzelfall eines Verrückten aufgriff, befand er sich auf sicherem Boden. Wer wollte sich für einen Mann erklärter religiöser Überzeugung einsetzen, der Betende mit einer Maschinenpistole niedermäht? Doch würde er auch nur ein kritisches Wort über die anderen wagen, die ebenso Ungesetzliches tun, aber mit weniger kontroversen Mitteln? Da ist der unauslöschliche Optimismus von Arafat, Israels größtem Verbündeten im Sinne des Dialogs, doch einiges praktischer. Notfalls kann man ihm immer vorwerfen, er gehe nicht hart genug gegen die Hamas-Terroristen vor, womit er erneut in die Defensive gerät.

Solange Israel seinen Verrückten Raum läßt, liefe es nach aller Logik für die Palästinenser auf reinen Selbstmord hinaus, nicht auch ihrerseits ihre Verrückten in der Hinterhand zu halten. Patt also, und praktisch kein Spielraum auf beiden Seiten und, abgesehen von honigsüßen Worten und dem wiederholten Händedruck, keine wirkliche Einigung, dazwischen Steinwürfe und tödliche Handlungen, die man heutzutage als »Mißverständnisse« zu beschreiben beliebt.

Welchen Ausweg gibt es? Zweifellos die Schaffung eines kohärenten, von der gönnerhaften Präsenz Israels unbeeinflußten Palästinenserstaates – eine tragfähige palästinensische Initiative, die alle ihnen zur Gebote stehenden, hervorragenden Köpfe für den Bau eines Staates, von Gesetzen und einer soliden wirtschaftlichen Basis einsetzt. Dies käme letztlich auch Israel zugute.

Im Leben ist eine Initiative entweder erfolgreich, oder sie schlägt fehl. Es ist an der Zeit, daß Palästina das Risiko eingeht. Optimismus allein ist noch nicht die halbe Miete. Wer die Schlacht gewinnen will, muß auch entschlossen sein, sich der so stolz verkündeten Unabhängigkeit würdig zu erweisen. Eine Flagge genügt nicht, und ebensowenig Uniformen, schon gar nicht ein hurrapatriotisches Lied. Man muß sich völlig von der Neigung lösen, sich als eine Art Dependance Israels zu sehen, als ein Land, das ohne prekäre Nabelschnur nicht existieren könne, in deren Blutstrom nicht nur Vorteile, sondern auch Lasten mitschwimmen.

Palästina braucht sein eigenes Kabinett der Geister, das in einem gleichberechtigten politischen Spiel mitspielt und den gesammelten und oft widersprüchlichen, jahrhundertealten Vorurteilen kühle moderne Logik entgegensetzt.

Dann wird alles möglich. Frieden und Wohlstand für beide Länder. Optimismus? Mit Zuversicht und Energie sogar das.

20. Januar 1995

Carters zweite Karriere

Nach der aufmerksamen Dienstbeflissenheit Thailands erweist sich der Flughafen von Bangkok als kleiner Kulturschock. Zwei Sicherheitsüberprüfungen muß man über sich ergehen lassen, deren eine von Thai-Beamten, deren andere mit einer vermeintlichen Gründlichkeit, die an die schlimmsten Augenblicke von Jerusalem erinnert, von einem amerikanischen Oberaufseher über die örtlichen Bediensteten vollzogen.

Ihren Verdacht erregte eine meiner Hosentaschen, der sie einen Atemerfrischer und einen Nasenspray entlockten. Daraufhin wurde der Oberaufseher herbeigerufen. Er sprühte den Atemerfrischer ein- oder zweimal in die Luft, führte dann vorsichtig seine Nase dorthin, wo sich der Sprühnebel entladen hatte, und erklärte sich beruhigt. Den Nasenspray schnüffelte er wie einen Jahrgangswein, reichte ihn mir dann nur halb überzeugt zurück, aber die volle Maschine wollte endlich starten dürfen. Ein Reisender ließ die wartenden Fluggäste wissen, der Bienenfleiß der Beamten gehe aufs Konto meiner Nähe zum Papst, gegen den Morddrohungen vorlägen. Doch inzwischen befand sich der Papst bereits irgendwo zwischen Sri Lanka und Rom in der Luft.

Das Ganze war dennoch ein passendes Vorspiel für das Land der heulenden Polizeisirenen und der großen, offenen Herzen. Atlanta, Georgia, bietet sich unseren Augen als riesige, ausufernde moderne Großstadt dar, deren angeblich historische Gebäude am Rand der lebendigen Erinnerung kleben. Der Bürgerkrieg hat dort getobt, und das Donnern der Kanonaden scheint eben erst zu verebben. CNN, Carter-Center und Coca-Cola prangen als stolze Embleme auf seinem Wappen, das in Vorbereitung der Spiele im nächsten Jahr flankiert wird von Stößen von Golfmützen und Bergen von T-Shirts mit witzigen oder bierernsten Olympia-Logos.

Der Charme und die Gastfreundschaft des Südens sind überall ersichtlich. Vielleicht macht sich angesichts der Emsigkeit, mit der außer den Medaillen der schon Medaillenbewehrten alles und jedes herausgeputzt wird, in Washington neue Angst breit, und jedenfalls zählt die sehr aktive und energische Vaterfigur des Staates Georgia vor Ort einiges mehr als die Eintagsfliegen der amerikanischen Bundeshauptstadt. Gemeint ist natürlich Jimmy Carter oder, wie man ihn in seinem Heimatstaat nennt, Präsident Carter, ein Mann von erstaunlicher Klugheit und Schlagfertigkeit, der seit jeher sein Kreuz unbeschwert geschultert hat, mag ihn die Sorge innerlich noch so bedrückt haben. Von all den wenigen Auserwählten, den Präsidenten jüngeren Datums, die über eine Anwaltslaufbahn, sodann den Kongreß oder Senat oder einen Gouverneursposten als Sprungbrett in ihr hohes Amt gelangt sind, ist Carter der einzige, der den Weitblick besaß, aus der Präsidentschaft ein Sprungbrett zur Ex-Präsidentschaft zu machen.

Ich meinte einmal zu Carter, seine schwierigste und denkwürdigste Aufgabe sei doch wohl eher die erstere gewesen, weil er da immer noch die Ketten des Weißen Hauses getragen habe anstatt der relativen Freiheit, die er heute genieße. Ich dachte an das Abkommen von Camp David. Er stimmte dem zu, denn es sei insofern ungewöhnlich gewesen, als dazu dreizehn Tage in der hermetischen Einsamkeit jenes beschaulichen Ortes nötig waren. Wegen der Unvereinbarkeit der Charaktere und Ansichten wurde Sadat in die eine, Begin in eine andere Baracke verbannt, während Carter in seiner militanten Demut und Weitsicht mit den kleinen Steinchen des Erfolgsmosaiks zwischen den Baracken hin und her pendelte. Nach diesem Durchbruch, der den Höhepunkt seiner Amtszeit darstellte, begann der große Kreis der Bekannten, den er sich unter der internationalen Elite geschaffen hatte, in diversen, potentiell friedensbedrohenden Konflikten sein Eingreifen zu erbitten. Das war seinem Ansehen als Einzelperson zu verdanken. Solange er noch im Amt war, ließ sich das nicht so einfach erkennen, denn daß er zur Erlangung eines ausgewogenen Urteils immer auch die andere Seite hören wollte, wurde ihm dort oft als Unentschlossenheit oder Schwäche ausgelegt. Diese geistige Veranlagung, die die öffentliche Meinung in Augenblicken wie der Geiselkrise in Iran eher verwirrend fand, erweist sich heute als unschätzbarer Vorteil für die internationale Harmonie.

Der vor kurzem verstorbene Diktator Nordkoreas, Kim Il Sung, hatte Carter in der wachsenden Krise zwischen seinem Land und den Vereinigten Staaten um Vermittlung ersucht. Carter bat Bill Clinton um die Erlaubnis, als Privatmann hinzureisen und zu sehen, was sich machen lasse. Seine Bitte wurde ihm abgeschlagen, bis sich dann die Beziehungen so sehr verschlechtert hatten, daß sie einer Bedrohung des Weltfriedens gleichkamen. Erst da gab die Administration nach, mit dem bekannten positiven Ergebnis.

Ein mehr oder weniger ähnliches Verfahren führte zum Frieden in Haiti, doch diesmal wurde Carter auf seiner Mission von General Colin Powell und Senator Sam Nunn begleitet. So ließ sich der Erfolg nicht mehr nur einer Person zuschreiben, sondern breiter verteilen. Wie der Mensch nun mal gebaut ist, konnte es nicht ausbleiben, daß sich in Politik und Presse die kritischen Stimmen mehrten, die behaupteten, Carters Erfolg komme einem Fehlschlag Clintons gleich.

Das ist nicht nur Quatsch, sondern ein böswillig schädlicher obendrein. Erfolg ist querbeet positiv und sollte als solcher gefeiert werden. Jedenfalls hätte Clinton das, was Carter tat, nicht tun können aus dem einfachen Grund, weil er Präsident ist und als solcher stets Entschlossenheit ausstrahlen muß zu Lasten subtilerer Tugenden, die allzuleicht mißverstanden werden könnten.

In Haiti hat es Fortschritte gegeben, vielleicht als Folge stiller Diplomatie. Wieder einmal hat sich Flüstern als überzeugender erwiesen als der Donnerruf. Mag Carter auch eine Einzelperson sein, so hat er doch im Carter-Center den eindrucksvollen Denkapparat der Emory-Universität hinter sich, dem Experten in diversen Teilen der Welt angehören, die auf Fragen wie ethnische Empfindlichkeiten und lokale Tabus sofortige Antworten parat haben. Er konnte mit Boris Jelzin telefonieren, der drauf und dran war, den Chef des Staatsfernsehens, Herrn Popzow, wegen seiner Berichterstattung über Tschetschenien zu feuern. Leise ließ Carter ihn wissen, das würde ihm schlecht ausgelegt. Popzow ist immer noch im Amt.

3. Februar 1995

Man frage die Schildkröte

*I*m alles andere als unbegrenzten Katalog der Lebewesen gibt es sowohl die Schildkröte als auch die Eintagsfliege; die Lebensdauer der einen beträgt Jahrhunderte, die der anderen nur Stunden. So fliegt auch für die einen von uns die Zeit dahin, während sie für andere kriecht. Desgleichen müssen manche ihre Spur in der Welt augenblicklich hinterlassen, während andere wiederum ihr Dasein auf Erden als erhabenen Marathon begreifen dürfen.

Derzeit wird in den Vereinigten Staaten viel darüber spekuliert, inwieweit die neue republikanische Administration auf der pragmatischen Auslegung ihrer Werte beharren wird, zu Lasten abstrakterer Institutionen wie etwa der Nationalen Stiftung für Kunst und des Öffentlichen Rundfunks. Die Gerüchte reichen von drastischen Kürzungen bis zur völligen Einstellung der Subventionen, und die erschreckte Minderheit sucht verzweifelt nach Argumenten, die sie gegen die Philister vorbringen könnte.

Es ist der uralte Kampf zwischen der Eintagsfliege und der Schildkröte, und die Argumentation ist uns nicht unbekannt, darunter die Thatchersche über die Dominanz der Marktwerte, und jene, die auf schnelle Investitionserlöse aus ist. Man nennt das die Pflicht zur Rechenschaftslegung in der kleinkariert schrillen Welt der greifbaren Ergebnisse und des zweidimensionalen Horizonts.

Am überzeugendsten läßt sich diese Konzentration auf den Augenblick vielleicht mit der unbestreitbaren Tatsache entkräften, daß die großen Zivilisationen, die sich unauslöschlich in die Geschichte eingeschrieben haben, einzig Kultur hinterlassen haben – das Vermächtnis der Schildkröten also. Wer kennt noch die Namen der griechischen Politiker, die sich dem Bau der Akropolis widersetzten? Ja, wer erinnert sich noch derer, die die Baumaßnahme durchsetzten? Die Akropolis aber ist immer noch da, hat den Schlägen der Jahrhunderte und der Umweltverschmutzung getrotzt.

Auch die Olympischen Spiele haben dank eines Visionärs in jüngerer Zeit überlebt und sind ein mindestens ebenbürtiges Kulturgut. Gerne erinnert man sich, daß Kriege für die Dauer der Spiele eingestellt wurden – vielleicht ein Vorgeschmack von einem Zeitalter, in dem der Sport als einzig zulässiges Kampffeld an die Stelle des Wahnsinns der Schlachten träte.

Haben mit Blick auf Griechenland, Ägypten, Mexiko, Peru und China nicht die Schildkröten eine unangreifbare Plattform inne? Bis zu einem gewissen Punkt schon. Bedauerlicherweise leben die Eintagsfliegen allerdings in dem Wahn, ihr Dasein sei zu größerer Wirksamkeit bestimmt als das ihrer Rivalinnen. Nur wenige sind bereit, die Vergänglichkeit der zeitgenössischen Gesellschaft in Betracht zu ziehen. Sie gehören zu denen, die man bequemlichkeitshalber die »Rechten« nennt. Aber selbst Churchill, den seine Klugheit und sein Witz hinderten, zum idealtypischen Konservativen zu werden, hat es fertiggebracht, diese Vergänglichkeit in seiner berühmten Rede über die heldenhaften Piloten in der Schlacht um England anklingen zu lassen. An seine Worte »Englands größte Stunde« erinnert sich jeder, aber viele haben die Voraussetzung dazu vergessen: »sollte das Britische Empire tausend Jahre dauern«. Churchill war die Ausnahme zu den meisten Regeln, weil er die Eigenschaften einer Schildkröte besaß, obwohl er ins öffentliche Leben eintrat, wo die meisten schnell ins Dunkel versinken und schließlich der Vergessenheit anheimfallen.

Seine Geisteskraft – seine Schriften und die Erinnerung an seinen spitzbübischen Humor belegen es – stellte ihn in die Sonderkategorie derer, die sich kraft ihres Charismas der Klassifizierung entziehen. Und natürlich gibt es noch andere, wenngleich nicht viele, wenn man sie mit der Zahl derer vergleicht, die einen kurzen Moment aufleuchteten und dann in der Anonymität versanken. Die Eintagsfliegen.

Ein vielleicht typischer Zusammenstoß der beiden Grundeinstellungen zum Leben ereignete sich Anfang des Monats im Zusammenhang mit den bewegenden Feierlichkeiten aus Anlaß des 50. Jahrestages der Zerstörung von Dresden. Vandalentum hat es seit jeher gegeben, doch durfte man gegen Ende eines grausamen Krieges, in dessen Verlauf unsere Führer es niemals unterließen, sich mit hoher moralischer Zielsetzung zu brüsten, doch hoffen, daß wir etwas an moralischer Verantwortung hinzugelernt hätten. Es sollte nicht sein. Am 13. Februar 1945, nur wenige Wochen vor dem Ende der Feindseligkeiten, als der Sieg schon mehr als feststand, wurden auf eine Stadt ohne strategische Bedeutung, die keinerlei Kriegsindustrie, dafür aber viele Krankenhäuser beherbergte und mit Flüchtlingen, zumeist Kindern, überfüllt war, Tausende Bomben abgeworfen.

Viele empfanden es damals als schockierend, und die Jahre haben die Empörung, die jeder empfand, der noch einen letzten Fetzen Sinn für Proportionen besaß, nicht lindern können. Wer war für diese Entscheidung verantwortlich? Die Apologeten von »Bomber-Harris« behaupten, er sei es nicht gewesen, denn er habe lediglich in seinem Büro gesessen und auf Weisung gewartet, was als nächstes zu zerstören sei. Angesichts des komplizierten Kommandostrangs ist das glaubhaft. Vielleicht lag die Verantwortung also bei Eisenhower. Eisenhower war ein plump gutmütiger und freundlicher Mann, der von der historischen Bedeutung Dresdens wahrscheinlich keine Ahnung hatte. Für ihn glichen alle deutschen Städte einander wie die Löcher auf einem Golfplatz. Amtliche Kreise behaupten, der Angriff sei auf Ersuchen der Sowjets erfolgt, die die Zerstörung der zu ihrer Kampffront führenden deutschen Eisenbahnlinien gewollt hätten. Inoffiziellen Quellen zufolge wurden die Luftangriffe unternommen, um die Sowjets mit der Schlagkraft der alliierten Luftmacht zu beeindrucken.

In jedem Fall kamen die Eintagsfliegen vor fünfzig Jahren auf ihre Kosten. Jetzt freilich sind die meisten vergessen. Gewiß muß es Männer des Augenblicks geben, aber ohne Sinn für die Wunder und den Wahnwitz der Vergangenheit gibt es für den Menschen keinen Wertmaßstab.

Mit einer belanglosen Statue vor einer Londoner Kirche wurde der untaugliche Versuch unternommen, Harris auf das Postament eines Schildkrötenanwärters zu heben. Unterdessen wird Dresden mühsam wiederaufgebaut. Es bedarf eben mehr als 25 000 Toter und riesiger Schuttberge, um es aus der Geschichte zu bomben, in die es hineingehört.

Man frage die Schildkröten.

24. Februar 1995

Freiheitsfundamentalismus

*U*m das Tagesgeschehen zu verstehen, muß man immer mal wieder dem einflußreichsten Land einen Besuch abstatten – den Vereinigten Staaten. Wir wissen erheblich mehr über die Amerikaner, als ihnen wert ist, über uns in Erfahrung zu bringen. Tritt man in einer amerikanischen Talkshow auf, wird man unweigerlich nach der Tragödie von Oklahoma City und der europäischen Reaktion darauf gefragt.

Die Fragesteller tun so, als seien sie trostbedürftig, aber vielleicht ist es nur eine Geste der Höflichkeit, um den zufälligen Ausländer in lokale Fragen einzubeziehen. Gewiß wurden die USA einen Moment lang von einem Ereignis erschüttert, das insoweit keinen wirklichen Präzedenzfall hatte, als sich herausstellte, daß es nicht das Werk der bequemen Schreckgespenster, der islamischen Fundamentalisten, sondern hausgemachter Unzufriedener war. Bald aber hatte man sich von dem Schock des Ereignisses und seiner Urheber erholt.

Sollte es wieder vorkommen, wird es weniger Überraschung, dasselbe Mitgefühl und noch stärkere Entschlossenheit, die Quellen solchen Irrsinns trockenzulegen, auslösen. Wenn man mich fragt, liegt die Ursache im Konzept der persönlichen Freiheit, das in den Vereinigten Staaten seit jeher unterschiedslos verfochten wird. Fast möchte man es »Freiheitsfundamentalismus« nennen. Die persönliche Freiheit wird von der Verfassung geschützt, freilich nie unterschiedslos, und das Kleingedruckte wie etwa das Recht auf Selbstschutz mit Waffengewalt, ist Gegenstand endloser Streitigkeiten mit der Pedanterie von Anwälten, die nach Schlupflöchern Ausschau halten, anstatt die Debatte mit dem Weitblick zu führen, der einem weitblikkenden Dokument gebührt.

Freiheit ist ein wenig wie Alkohol: in maßvoller Dosis ein Segen der Menschheit, im Übermaß genossen eine Geißel.

Einen feinen Wein kann nur derjenige wirklich genießen, der Feinheiten zu unterscheiden gelernt hat. Ebenso gereicht Freiheit nur dem zu Genuß, der ihre unvermeidlichen Grenzen zu erkennen vermag. Wer Freiheit oder Alkohol einzig als Stimulans und ohne Rücksicht auf den Geschmack beider benutzt, zerstört jede Möglichkeit für ihren Genuß.

Die Vereinigten Staaten sind eine ungemein faire Nation, was das soziale Verhalten angeht. Man hält es für selbstverständlich, daß es Fälle gibt, bei denen man sich in die Warteschlange zu stellen hat – bei der Einwanderungsbehörde, auf Flughäfen und am Eingang zu Belustigungen. Selbst die in die persönliche Freiheit Vernarrten üben sich in dieser sozialen Disziplin und wären die ersten, die ihre Stimme erhöben, wenn jemand versuchen sollte, sich vorn in die Schlange zu drängeln, was ja nichts anderes als Mißbrauch der Freiheit ist.

Trotzdem gibt es in diesem Land diverse unentdeckte Strömungen, die den Bürgerkrieg und den Ritt nach Westen überlebt haben. Der Geächtete wird glorifiziert, dem »Overdog« – in diesem Fall dem Sheriff und seinem Gehilfen – gilt die Abneigung des echten Sportsmanns. Billy the Kid und Bonnie und Clyde sind weitaus mächtigere Kultfiguren als der aufrechte Detektiv. Desgleichen gibt es politische Theorien, deren Absurdität sich aus dem völligen Unwissen nährt, was in der übrigen Welt geschieht. So gibt es unter den abartigen Milizen die Theorie, die Truppen der Vereinten Nationen schickten sich an, auf Ersuchen der schurkigen Bundesregierung Teile des amerikanischen Territoriums zu besetzen. Man sieht geradezu das zustimmende Nicken von Boutros Boutros-Ghali zur Bitte Bill Clintons, des Oberbefehlshabers der mächtigsten Streitmacht der Welt, die plötzlich beim Anblick der Bataillone der Wochenendsoldaten unsicher geworden ist.

Desgleichen kann man an die Länder denken, die willens sind, für eine punktuelle Initiative dieser Art Truppen bereitzustellen. Zur Abwehr solcher jeder praktischer Möglichkeit barer Unterstellungen will einem kein kohärentes Argument einfallen. Womit einzig hinzuzufügen bliebe, daß die plötzlich erstarkte Rechte in der Politik alles unternehmen wird, um die Wasser noch mehr zu trüben. Die Legitimierung der Gier als Beweggrund menschlichen Verhaltens, die sich in einer Welle potentieller Privatisierungen und dem Seufzer egoistischer Erleichterung Bahn bricht, ist ein Schlag ins Gesicht der Zentralregierung und gleicht mithin den Idealen der Milizen. Steuerentlastung für jene, die sie am wenigsten brauchen, scheint das Ziel des neuen Gesellschaftskontrakts in Amerika zu sein – ein ausgeglichener Haushalt nach Jahren sorglosen Unausgeglichenheitsschwelgens, ein paar kleinere Enttäuschungen für jene, die sich zeit ihres Lebens für ein sorgloses Alter abgemüht haben und nun plötzlich am Ende ihrer Verdienstjahre mit leeren Händen dastehen, und ebenso Entmutigung für alle, die dem Land ein Kulturleben bescheren wollen, das seiner Größe und Bedeutung einigermaßen entspricht.

Die Vereinigten Staaten sind ein Land, das man sofort ins Herz schließt, weil seine Menschen so unmittelbar aufgeschlossen sind. Die Amerikaner tragen oft das zur Schau, was sie sein möchten, damit jeder Bescheid weiß. Manche Männer behalten breitkrempige Stetsonhüte auch noch im Zimmer auf, um damit ihren Nonkonformismus unter Beweis zu stellen, der letztlich wieder auf Konformismus hinausläuft, sobald sie in der Mehrzahl sind. Gewaltige Motorräder als ausschlagende Asphaltrösser sind en vogue. Dieses Volk ist so frei, daß sich die Leute gegenseitig in den äußeren Zeichen ihres Privilegs nachahmen. Kein anderes Volk besitzt so viele Schlagworte, die der reichen Palette der Alltagsbedürfnisse gemäß sind. »Mach's gut«, »fehlst mir schon jetzt«, und »komm schon« sind nur ein paar Phrasen, mit denen man sich gegenseitig versichern will, wie politisch korrekt der eigene Nonkonformismus ist. So frei ist diese Gesellschaft, daß man sich veranlaßt fühlt, die Leitlinien höflicher Übung zu beachten und fest auf dem Pfad lächelnder Annehmbarkeit zu verharren.

Hinter der aufs äußerste getriebenen Freiheit lauert ein dünnlippiger Puritanismus, und selbstgebastelte Bomben werden mit der Handfertigkeit fabriziert, die traditionell in die Herstellung von Marmelade geht.

So kehrte ich mit Erleichterung zu den Widersprüchen Europas zurück, geradezu mit einem Gefühl wiedergewonnener Einsicht.

19. Mai 1995

Faulspiel bleibt faul

Versetzen wir uns zurück und betrachten wir, was in einem kleinen Jungen fremder Herkunft vorging, der in den zwanziger Jahren in London zur Schule ging. Da sich die verfügbare Nahrung auf Delikatessen wie Würstchen in Teig und Mehlpudding reduzierte, war einem jungen Burschen meines Metabolismus von vornherein eine gewisse Körperfülle garantiert. Mit der Folge, daß ich beim Sport nur mühsam dahinkroch und dazu verurteilt war, beim Rugbytraining den Ball zu spielen. Was nichts anderes heißt, als daß ich ins Feld zu laufen hatte, während sich andere Jungs wie aus dem Kennel freigelassene Windhunde auf mich stürzten und mich krachend zu Boden warfen. Kaum lag ich, ertönte jedesmal eine Pfeife, so daß ich mich aufrappeln und für den nächsten Angriff stählen konnte. So lernte ich, was es mit dem Ausdruck »nach der Pfeife tanzen« auf sich hatte, und war dankbar dafür.

Beim Kricket, das ich wegen der Härte des Balls fürchtete, ließ ich mir sagen, wie man »mitspielt«, und lernte als erstes von alten Fans Ausdrücke wie: »Bei Gott, Sir, das ist doch kein Kricket«, und »Halt den Schläger gerade«. Ohne lange Recherchen kam ich zu der Erkenntnis, die Briten hätten praktisch jedes Spiel erfunden, das es gibt, und beherrschten es unweigerlich eine Zeitlang, bis dann andere Völker es ihnen nachtun und anfangen zu gewinnen, woraufhin die Briten ein weiteres Spiel erfinden, in dem sie gewinnen können.

Die Briten halten sich gerne für skrupellos fair und tun alles, um dem selbsterwählten Ruf zu entsprechen. Den Auftritt der Spieler auf dem Centre Court von Wimbledon verschönt ein Kipling-Gedicht, das jenen applaudiert, die mit Anmut zu verlieren wissen. In der Schule hat man uns beigebracht, so fröhlich zu verlieren, daß dem Sieger der gegnerischen Schule auf dem Weg in die Umkleidekabine immer mulmiger zumute wurde und er schließlich bei der Schlußfolgerung anlangte, nichts irgendwie Erwähnenswertes erreicht zu haben.

Diese Strategie hat allerdings die Empörung nicht lindern können, die sich neulich der Herzen der Briten bemächtigte, als Manchester United im UEFA-Cup von einer unbekannten ausländischen Mannschaft, Rotor Wolgograd, besiegt wurde. Wenige Tage nach dieser bitteren und noch unverdauten Pille mußte ich bei einem Literaten-Lunch in Manchester eine Rede halten. Ich äußerte nach besten Kräften mein Mitgefühl, mußte dabei freilich meine wirklichen Empfindungen unterdrücken, denn um der Wahrheit die Ehre zu geben: Die Ursprünge meiner Familie liegen irgendwo tief unter den Spielfeldern von Wolgograd begraben. Auf welcher Seite ich stand, war nie zweifelhaft, was immer man mir auch in der Schule beigebracht hatte.

Womit ich ohne besondere Umschweife beim größeren Bild gelandet wäre. England wurde vom Europäischen Menschenrechtsgerichtshof wegen des schreienden Zwischenfalls in Gibraltar getadelt, wo 1988 drei IRA-Terroristen am hellen Tag von einer britischen SAS-Spezialeinheit niedergemäht wurden. Die rechtsverbindliche Feststellung des Gerichts, gegen die es keine Berufungsmöglichkeit gibt, wurde mit der knappen Mehrheit von zehn gegen neun Stimmen gefaßt.

Zuvor war die Menschenrechtskommission – ein Beratungsgremium des Gerichtshofs – mit elf gegen sechs Stimmen zu der Auffassung gelangt, die Tötung sei rechtmäßig gewesen, und die ursprüngliche Untersuchung in Gibraltar hatte sich nicht ganz unerwartet damit im Einklang befunden. Das neuerliche Urteil wurde von der britischen Regierung als unangenehme Überraschung empfunden und von den meisten Zeitungen wütend kommentiert. Allerlei heftige und schneidige Reaktionen machten sich Luft, einschließlich der Frage, ob England die Urteile des Menschenrechtsgerichtshofes überhaupt noch akzeptieren solle. Das freilich läuft geradewegs auf einen britischen Antrag auf Aufnahme in den Club der schlechten Verlierer hinaus, und man möchte nicht glauben, daß jene, die bislang in Kiplings prahlerischer Gewißheit in menschlichen Wertbelangen geradezu wateten, diese so sehr in den Wind schlagen könnten.

Nun ist zwar die Enttäuschung über das knappe Urteil verständlich, aber die Tatsache, daß es milde ausfiel, wurde geflissentlich übergangen. Niemand ist für den Terrorismus, der zu den Geißeln unserer Zeit gehört, zumal die Geächteten mittlerweile über immer modernere Waffen verfügen. Daß England etwas unternehmen muß, um eine aufgedeckte Verschwörung zu zerschlagen, versteht alle Welt; einzig strittig ist die Frage, ob die Art, wie es geschah, absolut vernünftig war. Neun Richter einschließlich des norwegischen Vorsitzenden gingen mit England einig; zehn andere waren der Auffassung, weniger drastische Maßnahmen – eine Verhaftung zum Beispiel – hätten denselben Zweck erreicht.

Es ist immer mißlich, drei Verdächtige niederzuschießen, um dann festzustellen, daß sie unbewaffnet waren, oder ausgehend von der Annahme zu handeln, eine Autobombe sei schon angebracht, wenn dem gar nicht so ist, selbst wenn das Material für ihre Herstellung dann in einigen Kilometern Entfernung jenseits einer Grenze aufgefunden wird. Aber so geht es halt mit allen Präventivschlägen, deren Berechtigung sich niemals völlig nachweisen läßt. Und wenn ein sachverständiges Gericht zufällig gegen die Erwartungen einer Nation urteilt, entspricht das einer Laune des Spiels. Das jedenfalls lehrte man mich in meiner englischen Schule.

Es eignet sich jedenfalls nicht zum Anlaß für einen Ausbruch grämlicher Euroskepsis oder für dunkle Andeutungen, vier Richter aus ehemaligen Ländern jenseits des Eisernen Vorhangs, die damit aus irgendwelcher obskurer Logik per se englandfeindlich seien, hätten die Ränge der Gegner geschwellt. Gegen England sprachen sich nämlich auch Italien, Spanien, Portugal und Griechenland aus, während die Türkei, Ungarn und Slowenien seine Auffassung teilten.

Nun komme mir bloß kein dünnlippiger Sprecher und belehre mich mit der üblichen eiskalten Arroganz, Außenpolitik und Spiele hätten nichts miteinander zu tun. Vielleicht nicht, aber denselben ethischen Normen unterliegen sie allemal. Folglich ist dies eine Gelegenheit für England, aus Rücksicht auf seinen Status in der Welt im reifen Alter das in die Tat umzusetzen, was es seinen Kindern predigt, und nach der Pfeife zu tanzen.

5. Oktober 1995

Der Exzentriker im Kreml

*R*ußland ist das weitaus größte Land der Erde. Das war für ängstliche Beobachter von außerhalb seiner Grenzen seit jeher ein Hemmnis. Vor der Revolution von 1917 nannte man es den »schlafenden Riesen«, was einige Nervosität erkennen läßt. Es zeigte, daß ein weitgehend des Lesens und Schreibens unkundiges, rückständiges Volk nur einen armseligen Teil seines Potentials verwirklichte. Unter der autokratischen Oberfläche gab es keinen Mangel an Komplotteuren und Geheimpolizei. Die russische Geschichte ist reicher an Verschwörungen als die meisten, allerdings mit nur geringem Erfolg. Das lag nicht etwa an besonders leistungsfähigen Ordnungskräften, die alles in allem genauso dämlich waren wie andernorts, sondern wiederum an der Weite des Raums. Jede revolutionäre Hitzköpfigkeit verflüchtigte sich schnell.

Erst die unendlichen Verluste im Ersten Weltkrieg und die von chronischer Unfähigkeit verursachte Not brachte die Oktoberrevolution zustande. Nun zeigte sich schmerzlich, daß der Riese erwacht war. Die Sowjets galten als Parias, weil sie Atheisten, Kommunisten und binnen kurzem Königsmörder waren. Da man sie für dumm hielt, leisteten sich die Alliierten höchst unergiebige Militärinterventionen in Rußland und Sibirien. Die neue Rote Armee machte sie problemlos zunichte und gewann damit die ersten Schlachtfeldehren auf Kosten des Westens. Dank der Erosion der Zeit und des unglaublichen Fehlurteils Hitlers, der den Riesen angriff, wurden der Westen und die Sowjetunion in eine widerwillige Zusammenarbeit als Kriegsverbündete gezwungen. Dieses Zufallsbündnis wurde nie zur Gewohnheit, und der Friedensschluß gebar den Kalten Krieg und seine frustrierende Koexistenz.

Nun hat eine zweite Revolution, die nicht minder bedeutsam ist als die erste, erstmals in der Geschichte eine außergewöhnlich normale Haltung erzeugt, und ebenso erstmalig ist, daß sich diese drastische Revolution praktisch ohne Blutvergießen vollzog. Das zeigt, wie sehr sich die Menschen unter der Diktatur weiterentwickelt haben. Dem Mob von 1917 bereitete es noch viele Jahre danach keinerlei Gewissensbisse, jeden umzubringen, den eine Standgerichtsbarkeit zum Gegenrevolutionär stempelte.

Mancher mag befürchtet haben, daß sich in Boris Jelzins Kampf gegen den Aufstand von Aleksandr Ruzkoj im Weißen Haus vor einigen Jahren dieselben Exzesse wiederholen würden. Doch nichts dergleichen. Eltern hoben ihre Kinder hoch, damit sie unmittelbar miterleben konnten, was sie bislang nur im Fernsehen gesehen hatten. Es gibt zwar immer noch Gehorsam, aber keinen blinden mehr.

Die russische Führung wird seit jeher mit demselben halb amüsierten, halb verblüfften Mißtrauen beäugt wie das Land. Die Spekulationen über Jelzins Gesundheitszustand sind völlig anders als jene, die man anderen Führungsgestalten der Welt widmet. Im einen Augenblick drischt er zwar nicht mit derselben Wirkung, aber mit ebenso hörbarer Anstrengung wie Thomas Muster auf den Tennisball ein, im nächsten versucht er unsicheren Schritts den Weg über einen topfebenen Teppich zu bewältigen. Dann wieder bezichtigt er das diplomatische Pressekorps von Washington der Katastrophenmalerei, weil es den Gesprächen zwischen ihm und Bill Clinton die Katastrophe prophezeit habe, womit er bei letzterem einen Anfall hilflosen Kicherns hervorruft, weil diese Feststellung so überraschend, so kraftvoll, so gut getimed und so absolut entwaffnend war. Während Präsident Clinton sich vor Lachen schüttelte, strahlte Präsident Jelzin wie ein Lausbub, der Erwachsene zum Lachen gebracht hat, zwar nicht recht weiß wie, aber doch gerne die Urheberschaft einstreicht. Neckisch zwickt er seine Sekretäre, und schläft tief im Flugzeug, während draußen schon der rote Teppich auf dem Asphalt liegt und eine irische Ehrengarde eine volle Stunde in Habachtstellung darauf wartet, endlich die Nationalhymnen anstimmen zu können, und Würdenträger mit Blumen seiner harren. Leider hat es nicht geregnet. Schließlich befanden wir uns in Irland. In Rußland hätte es geschneit.

Nimmt sich solches Verhalten in den Augen alter Protokollhasen leicht exzentrisch aus? Sollte es nicht, wenn man es mit Russen zu tun hat. Bei ihnen gibt es immer etwas Impulsives, Direkteres als anderswo üblich. Die Tradition, jemanden schon bei Beginn der Bekanntschaft mit Vornamen anzureden, sogar wenn man selbst hochstehend und der Partner ein Niemand ist, ist zum Teil der Grund für die auch bei formellen Anlässen herrschende Spontaneität.

Erinnern Sie sich noch an Nikita Chruschtschow und seinen Schuh, den er als Hammer benutzte, um in der Generalversammlung der Vereinten Nationen zu punkten? Der damalige UNO-Generalsekretär Dag Hammarskjöld war tief beleidigt ob dieses Ausbruchs und versuchte stets nachzuweisen, Chruschtschow habe während des Zwischenfalls unentwegt beide Schuhe angehabt und sich den in der Hand von einem jüngeren Beamten ausgeborgt, der jetzt zwar nicht kalte Füße, aber doch einen kalten Fuß bekam.

Es waren die anderen Russen, die Chruschtschows Ausbruch peinigte und sich für ihn schämten, weil sie sich fragten, wie Ausländer auf ein rein russisches Phänomen reagieren würden, so wie heute die ernstesten Besorgnisse über Jelzins Geisteszustand in Rußland laut werden: bei Funktionären, die sich stets eines normalen diplomatischen Betragens befleißigen, ohne das nötige Charisma zu besitzen, sich über die Regeln hinwegzusetzen. Außenminister Andrej Kossyrew gehört dazu und ist erste Wahl, um die Sorgen des Westens zu besänftigen, bringt aber, wenn Jelzin zugegen ist, die meiste Zeit damit zu, sich zu fragen, ob er denn nun gefeuert sei oder nicht. Klingt das nicht ganz nach Chruschtschow, wenn er einen schlechten Tag erwischt hat?

2. November 1995

Im Krieg der Beste, im Frieden der Größte

Vergangenen Samstag verbrachte ich zum größten Teil in einem Schneideraum in Hamburg mit der Bearbeitung einer Fernsehsendung für die ARD über den nahöstlichen Friedensprozeß, die ich in Oslo, Jerusalem und Gaza gedreht hatte. Dabei erneuerte ich meine Bekanntschaft mit Jitzhak Rabin, Jassir Arafat und seiner Frau sowie mit Professorin Hanan Ashrawi, erfuhr aber am späten Abend zu meinem Entsetzen, daß einer der Architekten des Friedensprozesses ermordet worden war.

Ich dachte an die Ereignisse im Vorfeld zu meiner Begegnung mit Jitzhak Rabin zurück. Deutlich standen mir die äußerst strengen und unangenehmen Sicherheitsmaßnahmen vor Augen, die jeder über sich ergehen lassen mußte, der ihn in seinem Büro interviewen durfte, die sich aber natürlich bei einer Friedenskundgebung im Freien nicht mit gleichem Erfolg anwenden ließen. Bis zum Ende des Interviews hatte man mir meinen Paß weggenommen und mich sogar gefragt, ob ich Tränengas mitführe. Die Strenge war verständlich, wenngleich ich merkte, wie sich ein zunehmend ungläubiger Ausdruck in mein Gesicht schlich.

Als ich diese Hürde endlich überwunden hatte, konnte ich, während die Beleuchter noch mit ihren Vorbereitungen zugange waren, den Premierminister kurz in Augenschein nehmen. Ich hatte offenkundig einen sehr scheuen, ja introvertierten Mann vor mir, der aber den geringen Spielraum, der ihm zur Verfügung stand, im wesentlichen aus militärischer Sicht umfassend und sehr präzise einschätzte. Lediglich seinem Kettenrauchen vor Aufnahmebeginn war eine innere Anspannung zu entnehmen, die er mit kühler Disziplin in Schach hielt. Außerdem entschlüpfte ihm unversehens die Bemerkung, es sei wenig erfreulich, wenn sich vor dem Amtssitz 100 000 Demonstranten drängten und »Mörder« und »Verräter« riefen.

Doch sofort – als schäme er sich dieser Indiskretion oder, schlimmer noch, dieses Zeichens der Schwäche – fügte er mit einem schwachen Lächeln hinzu: »Macht mir nichts aus.« Das sagte er sich bestimmt vor, ob mit Erfolg, werde ich nie mehr in Erfahrung bringen können. Es zeigte mir indes, wie sehr ihm mutwillige Feindseligkeit unter die Haut ging, auch wenn sein bewußtes Denken denen, die ihn quälten, nicht die leiseste Genugtuung zugestand. Die Zahl 100 000 stammte übrigens von ihm. Ich gebe sie hier nur zu Protokoll.

Als das eigentliche Interview begann, war er ganz Herr seiner selbst und ließ in seinen mit einer gewissen Tragik vorgetragenen Äußerungen nicht die Spur eines Zweifels oder einer Unsicherheit erkennen. Er gehörte zu der seltenen und eindrucksvollen Sorte Menschen, denen ihre lange und glänzende militärische Führungserfahrung nur um so deutlicher vor Augen geführt hat, wie dringend Friede geboten ist. Mit anderen Worten: Er wußte, wie notwendig bei Bedarf schnelles militärisches Handeln ist, aber der Erfolg solchen letztlich sterilen Handelns hinterließ seiner verborgenen Empfindsamkeit einen bitteren Nachgeschmack. So wandte sich sein Lebenswerk ganz allmählich der sehr viel größeren Herausforderung des Friedens in einer Region zu, der die Geschichte fast nur Hader und Mißverständnisse zugedacht zu haben scheint. Während des Interviews brachte ich es nur einen Moment lang fertig, daß er die Stacheln stellte, als ich nämlich die Meinung äußerte, was die vernünftigen Palästinenser und Israelis zusammenführen sollte, sei unter anderem, daß die Fanatiker beider Seiten, und seien sie einander noch so feind, im Grunde Verbündete mit negativem Vorzeichen seien.

Rabin sprang sofort in die Bresche und betonte, zwischen den Extremisten auf beiden Seiten gebe es einen Unterschied. Der Hamas und den anderen islamischen Terrorgruppen müsse jeder Zivilisierte entgegentreten. Als Gegenbeispiel nannte er den verrückten Israeli, der im Februar letzten Jahres auf der Westbank in einer Moschee in Hebron auf betende Araber gefeuert hatte. Über die Tat sei er entsetzt, sagte Rabin, und daß der Täter ein Israeli gewesen sei, empfinde er als Schmach.

Ich frage mich, wie er wohl reagiert hätte, wenn das Attentat auf ihn erfolglos geblieben wäre. Die führenden jüdischen Politiker geben ungern zu, ein eigener Fanatiker könne etwas anderes sein als der Einzelfall eines Verrückten. Die Möglichkeit einer politischen Verschwörung von Juden will ihnen nicht recht in den Kopf.

Daß einige Demonstranten auch eine Karikatur mitführten, auf der Rabin in der Uniform eines SS-Offiziers zu sehen war, zeigt einen gedankenlosen Haß und eine Geschmacklosigkeit, die so grotesk sind, daß sie geradezu an den Holocaust gemahnen. Sich dem zu stellen fällt schwer. Leichter ist da schon, zu glauben, bei dem Täter handle es sich um einen Jurastudenten, zumal, wenn wir bedenken, daß der Atheist Stalin einst Seminarist war. Doch damit genug über einen Menschen, dessen kurzlebige Bekanntheit schnell verblassen wird.

Selbst im Tod gebührt Rabin unsere Aufmerksamkeit. Sein Freund und bis vor kurzem Rivale Shimon Peres faßte es in die knappen Worte: »Im Krieg war er der Beste. Im Frieden war er der Größte.«

Peres ist völlig anders gebaut als Rabin, und gerade das ließ sie zu einem so fabelhaften Team zur Förderung der Interessen des ganzen Nahen Ostens werden. Peres ist gesprächig, philosophisch – ein Visionär. Vermutlich stimmt es, daß er nicht die gleiche Selbstsicherheit ausstrahlt, wie Rabins knappe und kurzangebundene Art sie vermittelte, aber als Person ist er wärmer und mitreißender. Typisch dafür ist, daß mich Rabin im Büro, Peres in der Küche empfing. Rabin begegnete mir mit höflichem Mißtrauen, Peres ließ sich bereitwillig über jedes Thema aus. Rabins Verkrampfung gegenüber Arafat, dem er lange noch unterstellte, er huldige dem Terrorismus, lockerte sich nur ganz allmählich. Dann kam der erste, zögerliche Handschlag im Weißen Haus. Dieses Händeschütteln verlor schließlich, wie er selber sagte, seinen Nachrichtenwert, weil es zur Regel wurde.

Für Peres war der Friede mit den Palästinensern unausweichlich. Nie wankte er in seiner Auffassung, und es gereicht ihm auf immer zur Ehre, daß er Rabin zur selben Überzeugung brachte. Rabin gereicht es zur Ehre, daß er sich zwar nur langsam zu dieser Überzeugung bekehrte, dafür aber um so größere Risiken auf sich nahm.

9. November 1995

Vom Teerpinsel geküßt

Wer hat nicht noch in den Ohren, wie Lady Thatcher vor gar nicht langer Zeit die sogenannten »viktorianischen Werte« beschwor. Man glaubt zu wissen, was sie damit meinte, kann aber nicht umhin, daran zu denken, daß der große Dissident gegen diese selben viktorianischen Werte, der ihre Schattenseite aus eigener Erfahrung kannte, Charles Dickens war.

Dem Anstand, Mitgefühl und der relativen Langeweile stellte er das Verbogene, Verlogene und Sadistische gegenüber. In jener Zeit gab es zuhauf betrügerische Rechtsanwälte, abscheuliche Lehrer und hochwohlgeborene Richter, die lieb waren zu ihren eigenen Kindern, es aber gleichzeitig fertigbrachten, andere, wehrlosere wegen Mundraubs zum Tode zu verurteilen. Empire-Erbauer reisten dorthin, wo sie den Ton angeben und in christlicher Nächstenliebe von ihnen als »Eingeborene« Betitelte unterrichten konnten in der Überzeugung, da sie anderer Hautfarbe seien, würden sie das Gelernte nie zu ihrem Vorteil nutzen können.

Schon damals gab es die politische Korrektheit, und zwar in rauhen Mengen, allerdings in einer Form, die sich von der klischeebesetzten Spielart unserer Tage beträchtlich unterschied. Sie diente nicht etwa dem Schutz der Gefühle von Minderheiten in einer angeblich egalitären Welt, sondern war eher ein Ventil für abwertende Anspielungen unter Privilegierten. So war es an der Tagesordnung, vorzugeben, ein sichtlicher Mischling sei »vom Teerpinsel geküßt worden«, und die zahllosen gesellschaftlichen und rassischen Zweiter-Klasse-Menschen wurden unverhohlen mit Spitznamen bedacht. Es dürfte fast an Subversion gegrenzt haben, wenn Rudyard Kipling der ungewöhnlichen Ansicht frönte, Gungha Din sei ein besserer Mensch als er. Ziemlich gewagt, wie?

Nun ja, das meiste davon ist mit der Zeit verweht und hat nur schwache Spuren an unerwarteten Orten hinterlassen. In Nigeria zum Beispiel. In dem nach afrikanischen Normen überbevölkerten, großen und für Religions- und Stammesspaltungen anfälligen Land hat sich eine archaische Militärhierarchie gehalten, die sich selbst als stabilisierende Notwendigkeit empfindet, in Wirklichkeit aber nur ein letztes Aufbäumen postkolonialer Herrschaft ist. Wie erinnerlich, hat dieses traurige Establishment als Beigabe zur Flaggenhissung am Morgen und Flaggeneinholung bei Einbruch der Dunkelheit soeben neun friedliche Protestler, darunter den angesehenen Schriftsteller Ken Saro-Wiwa, wegen Sicherheitsgefährdung hängen lassen.

In viktorianischer Zeit hätte diese Nachricht wenig überrascht, denn da wäre es eine Kolonialverwaltung gewesen, die irgendwelche aufrührerische Eingeborene zum Tod verurteilte, und kein Mensch hätte danach gefragt. Außerdem hätte sich die Nachricht langsamer verbreitet und wäre – ganz abgesehen von inexistenten Menschenrechten – die bloße Vorstellung, in Nigeria könne es so etwas wie einen Schriftsteller geben, mit, wie man es nannte, »Gewieher« quittiert worden.

Jetzt wurde Gott sei Dank augenblicklich Nigerias Commonwealth-Zugehörigkeit suspendiert. Eigentlich sollte es ausgestoßen werden, aber im letzten Augenblick riet die Klugheit zu bloßer Suspendierung. Immerhin ist von einem Ölembargo die Rede, und der schändliche Akt wurde dankenswerterweise von aller Welt spontan verurteilt. Nicht ohne Grund stehen Präsident Mandela und Erzbischof Tutu in der ersten Reihe des Protestes, haben sie doch beide schwer unter einem Immobilismus gelitten, wie es ihn schlimmer kaum geben kann, unter einem politischen Fundamentalismus, dem nur ein verändertes Klima und das moralische Heldentum von de Klerk den Garaus machte, der Mandela dazu verhalf, seine schicksalhafte Bestimmung erfüllen zu können.

Nun braucht Nigeria Hilfe, und die Tatsache, daß es bei der Auseinandersetzung nicht um eine rassische, sondern eine stammesbedingte geht, erleichtert die Lösung keineswegs. Daß Nigeria die Sorge der zivilisierten Welt als schamlose Einmischung in die inneren Angelegenheiten eines souveränen Staates abtut, ist zwar schade, aber normal. Es ist das Aufmucken überempfindlicher Diktatoren, die man dabei erwischt hat, wie sie Unrat unter den Teppich kehren wollten. Aber Schuld läßt sich nun mal nicht mehr als Staatsgeheimnis tarnen.

Wie es heißt, sind als Trotzreaktion weitere Verurteilungen zum Tod durch den Strang geplant. Auch die Herrscher von Haiti wähnten sich Herren im eigenen Haus, bis man sie höflich eines Besseren belehrte. Was die nigerianische Junta – als paradoxe Hüterin der verwerflichsten Überreste des Kolonialismus – nun gar nicht will, sind Kontakte. Bestialisch verhält man sich erheblich leichter in der Isolierung, wenn keiner die Ränge der Opposition zu zählen vermag.

Doch vor der Verurteilung durch die Weltmeinung gibt es keinen Schutz. Das hat sich immer wieder gezeigt, und die Liste derer, die sich ihre Pfuirufe zuziehen, ist noch nicht geschlossen. Auch Idi Amin war eine der paradoxen Erscheinungen in der Geschichte des afrikanischen Erdteils, die es unternahmen, schlimme Erinnerungen an Kolonialzeiten zu ihrem Nutzen zu wenden, und zeigte sich seinem Volk als übergeschnappter Tyrann. Ein weiterer war Kaiser Bokassa, der sich wohl in einer französischen Kolonialschule an Napoleon inspiriert hat und auf seinem Thronsessel blindlings wütete.

Das rationale Afrika hat sich dem eigenen Genius gemäß und auf seine Weise dieser unheimlichen Geschöpfe entledigt und sie in die kurze Geschichte seiner unabhängigen Staaten verwiesen. So wird gewiß auch die Kollektion der nigerianischen hohen Tiere ihren uniformierten Vorgängern in die

Rumpelkammer folgen; in der Welt von heute ist jedenfalls kein Platz für sie.

Nigeria ist viel zu wichtig, als daß es durch Leute versklavt werden dürfte, die Macht als Sinekure anstatt als Auftrag empfinden. Der Katalysator ist Nelson Mandela, dessen gleich altem Wein in dunklen Kellern gereifte Weisheit strahlend ein Afrika symbolisiert, das in der Vergebung um der künftigen Harmonie willen seine Würde findet, und gleich dahinter winkt auch die unaufdringliche Gestalt des in seinem Glauben nie wankenden Desmond Tutu. Sie gehören zu den Grundzügen eines endlich auf eigenen Beinen stehenden Afrika. Welche Chance verbleibt gegen solche moralische Opposition irgendwelchen Generälen in kolonialistischer Montur?

23. November 1995

Von der Unmöglichkeit, rein gar nichts zu denken

*I*ch tue, was ich im Winter immer tue, wenn alternde Knochen auf die Kälte damit reagieren, daß sie sich auf allerlei unangenehme Weise bemerkbar machen. Nach einem langen Nonstopflug von Wien mit Lauda Airways landete ich eben in Phuket, Thailand.

Zwei angesehene Reiseagenturen hatten mir kraft ihres Amtes versichert, diese Fluglinie gebe es gar nicht. Es gibt sie aber doch, und sie ist so bemerkenswert, daß ich sie ohne rot zu werden empfehlen kann, denn sie hat eine Business-Class vorzuweisen, die so luxuriös ist wie bei andern die Erste Klasse. Viel schneller als sonst ließ ich mich auf dem Rücken liegend von der lauen Klarheit des Andamanischen Meeres wiegen und versuchte zum x-ten Mal, herauszukriegen, ob es dem Menschen möglich ist, rein gar nichts zu denken. Jedes Jahr gelingen mir ein paar wenige Momente der köstlichen Gelöstheit, die der langsamen Rückkehr des Bewußtseins nach der Narkose ähnelt. Aus einem nicht näher ersichtlichen Grund scheint, während der Körper in der See entspannt, der Geist in zwei oder drei Drehungen Tempo aufzunehmen, bis man die Augen aufschlägt und feststellt, daß man sich physisch immer noch an derselben Stelle befindet. In genau diesem Augenblick hat ein Gedanke die totale Entspannung ruiniert.

Auf die Frage meiner Mutter, warum Bilder an der Wand in schöner Regelmäßigkeit eine Links- oder Rechtsverschiebung annehmen, antwortete ein russischer Professor vor der Revolution, das könne durchaus von der Schwerkraft der Erde herrühren. Wie dem auch sei – der Versuch, den Geist abzuschalten, als sei seine Batterie erschöpft, ist eine lobenswerte, ja notwendige Voraussetzung für die Erneuerung. Dazu sind

Ferien da: um den Geist von allem Schutt zu befreien, der sich übers Jahr angesammelt hat. Auftrag erfüllt, freilich nur für kurze Zeit.

Schon belebt sich die Mattscheibe, weil die Fangarme des Fernsehens sogar in diesen Hort heiterer Gelassenheit züngeln. Zwei lächelnde Gesichter weisen den Weg heim in die Normalität. Da ist einmal der Dalai Lama, der stets so aussieht, als breche er gleich in ein unterdrücktes freundliches Kichern aus, und uns wissen läßt, er sei halb Buddhist, halb Marxist, freilich nur soweit die Theorie und nicht die flagranten Irrtümer der Praxis betroffen seien. Alles vollkommen kompatibel in dieser beneidenswert ausgewogenen Ansicht.

Das zweite Gesicht gehört Tony Benn, dem britischen Unterhausveteran, der uns mit einer kraftvollen Analyse der Gefahren unterschwelligen Machtmißbrauchs bedenkt. Schon toll, was er da im Weltdienst des BBC-Fernsehens mit der ganzen Leidenschaft des gekonnten Schauspielers von sich gibt.

Ich drückte mit Tony die Schulbank und erinnere mich an ihn. Er sich an mich nicht. Wie sollte er auch? Er war, wag' ich's zu sagen? älter als ich. Ist es jetzt aber wohl nicht mehr. Ich habe ihn immer den hervorragendsten Köpfen der britischen Politik zugerechnet und mich unablässig über die übervereinfachende Presse empört, die ihm einen einsamen Platz ganz weit links von der akzeptablen Linken zuwies.

Auf Benn folgte mit Fragmenten eines vom Apostel der Gewöhnlichkeit, Premierminister John Major, gnädig dem stets kongenialen David Frost gewährten Interviews der Abstieg in die Normalität. Der Premier rechtfertigte die vorgesehene Ausweisung von Mohammed al-Mas'ari, eines saudi-arabischen Dissidenten, auf die Antilleninsel Dominica. Kraft eines Arguments, wie man es vielleicht noch Anfang des Jahrhunderts gebraucht hätte, des Mißbrauchs britischen Großmuts nämlich, in dessen Schutz Mas'ari gegenüber traditionellen Verbündeten

Englands unfreundliche Gefühle geäußert habe. In den nach Fernost ausgestrahlten Auszügen unterblieb die Erwähnung des offenkundigen Grundtenors, die Einstellung lukrativer Waffenverkäufe wegen eines so trivialen Grundes hätte Arbeitslosigkeit zur Folge, und wenn England seinem alten Kunden keine Waffen liefere, täte es eben ein anderer.

Nun verträgt sich das alles vollkommen mit den Aufgaben eines Premierministers und überrascht Majors Meinung mitnichten, sofern man Politik als die Kunst des Möglichen begreift. In einer Demokratie haben natürlich andere darüber zu befinden, was möglich ist und was nicht. Es bestünde keinerlei Anlaß, sich zu streiten, hätten heutzutage nicht moralische Überlegungen angesichts der wachsenden Bedeutung der Menschenrechte in der Welt sehr viel mehr Gewicht erlangt. Kein Zweifel: Saudi-Arabien gehört seit langem zur Familie und ist kraft des gewaltigen Reichtums seiner Führung und kraft seines Öls ein Fall für sich. Freilich, nicht wenige derselben Regeln gelten auch am anderen Ende der Finanzskala in den sogenannten Bananenrepubliken. Dort stützen Finanzinteressen unverhüllt die Diktatoren vor Ort, denn Stabilität gleich welcher Art bringt Investitionen, während das willkürliche Wesen der Demokratie sie abschreckt.

Man darf nicht zulassen, daß für die pragmatische Jagd nach kommerziellen Vorteilen einzig moralische Fragen maßgeblich sind, womit den Habenichtsen unter den Völkern hinsichtlich ihrer politischen Färbung nur wenig Spielraum bleibt. Armut ist eine Einladung zur Autokratie – wie soll man Leuten Gedankenfreiheit predigen, wenn diese sie mit Chaos und Politik mit unerfüllbaren Verheißungen gleichsetzen? Mag die Emanzipierung des einzelnen auch das Hochziel der führenden Mächte sein, so darf sie doch nie auf Kosten wirtschaftlicher Überlegungen gehen.

Mas'ari wurde mit der Aberkennung der Staatsbürgerschaft bestraft. Vielleicht kommt er jetzt als Staatenloser in den

Genuß britischen Wohlwollens, was allerdings zweifelhaft ist. Vermutlich sieht man ihn lieber in Dominica, das zum idealen Ruhestandssitz einst geräuschvoller Kritiker avanciert ist.

Doch wer bin ich, den Gang der Welt zu kommentieren? Welche ungewaschenen Banknoten am Schalter haben meinen Urlaub ermöglicht? Wollte ich darüber nachdenken – ich müßte befürchten, im seichten Wasser zu stranden.

11. Januar 1996

Kohls Tränen

Einer der anrührendsten Anblicke der vergangenen Tage war das wiederveröffentlichte Bild von François Mitterrand und Helmut Kohl Hand in Hand wie verlorene Kinder auf den Todesfeldern von Verdun. Auf einfache Weise dokumentierte es die Entschlossenheit, solcher Irrsinn dürfe sich niemals wiederholen.

Die Gegner eines einigen Europa vergessen zu leicht, daß beim Gedanken der Einheit nicht bloß kommerzieller Vorteil oder kollektiver Einfluß, sondern die Verhinderung von Konflikten Pate gestanden hat. Als Konsequenz des zuerst gezeigten Bildes folgte ein zweites, nicht minder eindrucksvolles: Helmut Kohl mit feuchten Augen bei der Trauerfeier für seinen verschiedenen Freund.

Was zudem beweist, daß Europa Chancen für Freundschaften über die politischen Trennlinien hinweg bietet, wie sie in der Innenpolitik nicht möglich sind. Daß Mitterrand mit Leib und Seele Sozialist war, wie in einigen Nachrufen der internationalen Presse bissig vermerkt wurde, und Kohl einer konservativen Partei vorsteht, hat ihrer Zusammenarbeit dort, wo es wirklich wichtig war, auf dem Kontinent nämlich, nie Abbruch getan.

Die ungewöhnliche Entwicklung der deutsch-französischen Beziehungen sollte sich mancher, der alten Vorurteilen nachtrauert, zum Beispiel nehmen. Auch zwei andere Politiker auffallend unterschiedlicher Herkunft zogen während ihrer Zeit am Ruder Gewinn aus verstärkter Zusammenarbeit, vor allem auf dem Weg zur einheitlichen Währung. Valéry Giscard d'Estaing stand, möchte man meinen, Kohl innenpolitisch näher, und der sozialdemokratische Kanzler Helmut Schmidt geistig sicher Mitterrand. Dennoch hat diese Rollenverkehrung ihrem Streben zugunsten Europas keinerlei Abbruch getan. Hans-Dietrich Genscher hat als Außenminister der Regierungskoalition in den frühen neunziger Jahren einen Großteil der Kärrnerarbeit im schwierigen Wiedervereinigungsprozeß geleistet und dabei nach eigenem Bekunden sehr vom guten Willen des früheren sowjetischen Außenministers und jetzigen georgischen Präsidenten Eduard Schewardnadse profitiert. Auch diese beiden wurden Freunde, indem sie ihre jeweiligen nationalen Standpunkte auf zivilisierte Weise vertraten.

Übrigens hat Mitterrand die Wiedervereinigung Deutschlands als logisch und nach einem halben Jahrhundert künstlicher Teilung unvermeidlich unterstützt. Wie viele Tote mögen sich angesichts eines solchen Bravourstücks in ehrwürdigen französischen Gräbern wohl umgedreht haben?

Die vielleicht wunderlichste und ermutigendste Überraschung der zweiten Hälfte dieses erstaunlichen Jahrhunderts verdankten wir keinem der beiden geläuterten europäischen Störenfriede, sondern England und Rußland. Kein Schweigen ist so sehr Gold wie das von Lady Thatcher gebrochene. Vor kurzem suchte sie wieder einmal unbeirrt die Zukunft in der Vergangenheit und hielt eine Rede über den Binnenverbrauch, die Einigkeit bezweckte, aber Spaltung hervorrufen wird. Hier zeigt sich der ganze, dramatische Unterschied zwischen Kirchturm- und Europapolitik. War das noch dieselbe Lady Thatcher, die nach der Begegnung mit dem damaligen KP-Generalsekretär Michail Gorbatschow erklärte, er sei jemand, mit dem sie zurechtkommen könne? War sie, längst ehe sich Ronald Reagan einen subversiven Anflug zugunsten des Reichs des Bösen erlaubte, die erste, die das Potential einer Humanisierung der sowjetischen Führung erkannte? Seltsamerweise ist Lady Thatcher nach all den unglaublichen Verwerfungen der letzten fünfundzwanzig Jahre in Rußland immer noch so beliebt wie Gorbatschow im Westen, selbst wenn beide zu Hause Gegenstand der Mißliebigkeit und gelegentlich ärgerlicher Betrachtung sind. Was man auch von den Ansichten der Lady und der herrischen Art halten mag, in der sie sie zu äußern pflegte, man vergißt darüber zu leicht, daß ihr Einfluß in dem Bereich, der ihr heimisches Spielfeld weit überstieg, beträchtlich war und ist. In den wertvollen Augenblicken, in denen sie sich als Mitglied der menschlichen Spezies und nicht nur als führende Kraft in einem winzigen Teil davon empfindet, darf man immer mit einem Genieblitz rechnen.

Bekanntlich wird das Europaparlament von den meisten Nationalversammlungen skeptisch als ein Gremium beäugt, das keinerlei reale Macht besitze und lediglich einem künftigen Utopia Lippendienste leiste. Wie kommt es gegen die diversen Nationalparlamente an, deren Sitzungen mittlerweile vom Fernsehen ausgestrahlt werden? Manchmal sind diese Kammern leer und bieten dem Auge nichts als grüne Polster in Westminster, während irgendein x-beliebiger Minister, den kaum jemand kennt, die Frage eines Oppositionsabgeordneten beantwortet, dessen Empörung sich ins Nichts der Zuhörerleere ergießt. In Paris sind die Sitze rot gepolstert, im graziösen Halbkreis angebracht und von Goldornamenten umrahmt. Das fast leere Haus vermittelt den Eindruck eines englischen Clubs nach dem Lunch. Die deutsche Version ist ultramodern, erinnert mit einem luftigen Adler schwach an einstige Loyalitäten, und die Anwesenheitszahlen scheinen dort höher zu liegen.

Doch alles in allem bietet Europa die größeren Möglichkeiten für eine Zusammenarbeit über die Parteigrenzen hinweg, denn dort werden Vorurteile nicht mehr so eifersüchtig am Leben erhalten wie in den nationalen Parlamenten, sind Freundschaften so über jeden Tadel erhaben, daß sie den Lebenden menschliche Wärme erlauben und Tränen bei einem Begräbnis.

18. Januar 1996

Was ich Chirac auf dem Kopfkissen hinterlassen wollte

Das Oriental Hotel in Bangkok gehört zu den großen der Welt und wird oft von Reisenden und Hoteliers gleichermaßen ausgezeichnet. Es steht am Ufer des quirligen Chao-Phraya-Flusses und ist ein modernes Gebäude mit ureigenem, diskretem Gepräge, erbaut um den Kern einer superben viktorianischen Kneipe, die vor kurzem ihren 120. Geburtstag gefeiert hat.

Die wenigen, exklusiven Zimmerfluchten in diesem Teil des Hotels tragen die Namen berühmter Schriftsteller, die dort genächtigt haben. Wir bewohnten die Joseph-Conrad-Suite, die man bei unserer Abreise für Präsident Jacques Chirac herrichtete, der zu einer Gipfelkonferenz erwartet wurde. In der Suite prangt ein mit vier Säulen bewehrtes Himmelbett massiven Ausmaßes, und ich war versucht, Monsieur le Président die Nachricht zu hinterlassen, anläßlich seiner bevorstehenden Ankunft seien die Atomversuche unter dem Bett bis auf Widerruf abgebrochen worden, gelangte dann aber zu der Einsicht, der Gipfel sei doch zu wichtig, als daß man den Herrn Präsidenten gleich zu Beginn verärgern sollte. Inzwischen ist der Gipfel zu Ende, so daß ich mit Fug und Recht sagen darf, was ich fast getan hätte.

Dies bringt mich zu einer Weiterung des Themas. Ich schaue mir die Briefe an die Redaktion sowie andere an, die unabgedruckt bei mir einlangen. Allen ist gemeinsam, daß die Verfasser anderer Meinung sind als ich, auch wenn mir der eine oder andere mal Lesbarkeit attestiert. Nun ist eine Kolumne ja nicht dazu da, daß man ihr zustimmt, sondern sie soll stimulieren, provozieren, unterhalten.

Die Verfasser von Briefen an die Redaktion oder auch an mich übersehen, daß die geäußerte Meinung lediglich die einer Einzelperson ist und keinerlei Einfluß ausübt, außer vielleicht durch flüchtige Trefflichkeit. Es schmeichelt mir unendlich, daß sich Leser veranlaßt fühlen, wider den Stachel zu löcken. Das gilt sogar für den Schreiber des Briefes über das Symbol Alexanders des Großen, den Stern von Vergina, den Griechenland wütend für sich beanspruchte, als er auf der Flagge der Ehemaligen Jugoslawischen Republik Mazedonien auftauchte. Der Briefschreiber verschärfte den Streit sogar weiter, indem er einen Anspruch Albaniens auf das Symbol erhob. Denn – so der Schreiber – Alexander des Großen Vater sei zwar Mazedonier, seine Mutter indessen Albanerin gewesen. Der Brief kam, wie nicht anders zu erwarten, aus dem amerikanischen Mittleren Westen.

Ein ernsthafterer strittiger Punkt ist die Auslegung der Menschenrechte und meine Insistenz, seine Grundregeln gälten auch für die Todeszellen und die Tausende armen Seelen, die Jahre oder gar Jahrzehnte auf die Entscheidung warten, ob sie nun hingerichtet werden oder ihre Strafe umgewandelt wird. Das geordnete Verfahren muß eingehalten werden und ist in einer immer schnellebigeren Gesellschaft das einzige, was sich im Tempo einer lädierten Schnecke bewegt. Einzig ins Auge gefaßt wird seine Beschleunigung, nicht seine Verbesserung. Oder nehmen wir mal den notorischen Prozeß gegen O. J. Simpson. Theoretisch gilt eine Person so lange als unschuldig, bis ihre Schuld bewiesen ist. Simpson wurde der Prozeß gemacht, und er wurde für nicht schuldig befunden. Ein anderes Urteil konnte es in diesem speziellen Prozeß gar nicht geben. Schon während des Verfahrens spielte die Rasse eine Rolle, und sie ist seit dem Freispruch zu einem ernstzunehmenden Faktor geworden. Obwohl ein freier Mann, ist Simpson jetzt Ziel aller erdenklichen Belästigungen, von der Beleidigung bis hin zum unflätigen Witz.

An dieser Stelle kommt natürlich die Demokratie ins Spiel – in Gestalt der öffentlichen Meinung. Trotz der Heiligkeit des

Rechts und seiner Institutionen bringt es die Mehrheit der weißen Öffentlichkeit einfach nicht fertig, diese Unschuld hinzunehmen, sondern behandelt sie als Fehlurteil, das einer Abrechnung bedarf. Und damit wären wir wieder bei der Rasse, wenngleich in erheblich taktvollerer Weise als in der Vergangenheit.

Manche Leute betrachten China und seine politische Struktur mit großem Mißbehagen. Jedes verständnisvolle Wort für eine riesenhafte und potentiell gefährliche Nation wird als stillschweigende Billigung der bedrückenden Ereignisse auf dem Platz des Himmlischen Friedens und des Einsatzes von Häftlingen für die Produktion exportierbarer Güter unter Wettbewerbspreis ausgelegt. Das ist natürlich Unsinn, und ich betone gerne, daß ich mit Chirac wenigstens in diesem Punkt einig gehe.

Er sah sich dem Vorwurf ausgesetzt, anstatt sich auf das Problem der Menschenrechte zu konzentrieren, habe sich der Bangkoker Gipfel vor allem mit kommerziellen Fragen befaßt mit der klugen Begründung, eine Hebung des Lebensstandards bewirke eine veränderte Einstellung zu den Menschenrechten. Es ist wenig sinnvoll, die Akzeptanz dieser Rechte zur Voraussetzung für Hilfe zu machen, wenn sich eine Nation selbst aus dem Morast von Armut, Analphabetentum und Hunger zu ziehen versucht. Oder um es mit den Worten der jüdischen Mutter zu sagen: »Menschenrechte schön und gut, aber jetzt iß erst mal.«

Oft sind Fortschritte in ernsthaften Themen an alltäglichen Kleinigkeiten abzulesen. Vor einiger Zeit trug die chinesische Führung noch karge, an Schlafanzugsoberteile gemahnende Jacken, und die Arbeiter hatten Ballonmützen auf. Heute würde sich keiner mehr in solchem Aufzug aufbahren lassen. Alle haben sie sich Straßenanzüge mit diskret sprechender Krawatte zugelegt. Zufall? Glauben Sie bloß das nicht. Es ist die Manifestation hergebrachter westlicher Werte und der erste Meilenstein auf einem neuen Weg. Am Ende dieses Weges wartet eine chinesische Version der schönen neuen Welt gegenseitiger Achtung, die Menschen guten Willens zu schaffen versuchen. Sie wird nie eine Kopie unserer Werte, dafür aber um so interessanter sein.

Kritiker werden einwenden, Chiracs Betonung der Geschäftsinteressen anstatt einer Auseinandersetzung über Menschenrechte sei ein typisches Beispiel für politisches Eigeninteresse. Vielleicht sollten sie sich darüber freuen, daß wenigstens diesmal das Eigeninteresse den Menschenrechten voranzuhelfen vermag. Und zwar viel sicherer, als Konfrontation und Druck es könnten.

7. März 1996

Können Kritiker töten?

Michael Billington, ein zivilisierter Kritiker, wenn es so was denn gibt, stellt im *Guardian* die Frage: »Können Kritiker töten?« Der Artikel ist für jeden in optimistisch als schöpferisch bezeichneter Eigenschaft Kunsttätigen höchst aufschlußreich. Zur Beendigung des zeitlosen und instinktiven Antagonismus zwischen Künstler und Kritiker gelangt er zu dem großherzigen Schluß, beide sollten in sich gehen. »Erstere sollten sich eine dickere Haut zulegen; mein eigenes Metier sollte, ohne seine Integrität aufzugeben, davon Abstand nehmen, anstelle des vorliegenden Werkes das eigene Ich in den Vordergrund zu stellen«, schreibt er.

Leicht gesagt, schwerer getan. Das Ganze gipfelt in dem tragischen Fall des Malers R B Kitaj, dem die Kritiker auf besonders schlimme Weise zugesetzt haben. Billington ermahnt die eigene Zunft mutig mit der Bemerkung: »Kritik verletzt oft. Aber hier ging es um mehr, nämlich um den Versuch, Kitaj systematisch und mißbräuchlich zu Fall zu bringen.« Bald nach Erscheinen der angesprochenen Artikel erlag die Frau des Malers im Alter von 47 Jahren einem Herzschlag. Kitajs Kommentar dazu: »Sie verletzten mich. Mich wollten sie umbringen und sie haben sie erwischt.« Unglaublich? Ich meine nicht.

Die große Schwierigkeit bei dem von Billington angeregten Insichgehen liegt im grundlegenden Unterschied zwischen den beiden Disziplinen Kreativität und Kommentar. Sich einen Flop einfallen zu lassen dauert genauso lange wie ein Meisterwerk, manchmal sogar noch länger. Auf den unterschiedlichsten Ebenen muß man eine Masse von Gedanken und Überlegungen einbringen, und die Einsamkeit ist oft ebenso bedrückend wie erhebend. Mit der Inangriffnahme eines neuen Werkes gehen alle Risiken und nicht wenige der Wehen einer Geburt einher.

Verglichen mit dem Schwangergehen mit einem neuen Werk in jeglicher Kunstgattung ist bei der Arbeit des Kritikers zwangsläufig Eile geboten und vollzieht sie sich alles andere als in abgeschiedener Stille. Sie unterliegt den Launen aufsehenheischender Subredakteure, deren Wortspiele in Bildlegenden und Artikelüberschriften manchmal die Ausgewogenheit des Artikels wahren und manchmal nicht. Die Umstände, unter denen Kritiken zumeist verfaßt werden, haben etwas Willkürliches an sich, und ohnehin müssen die Probleme von heute den Geboten des Morgen weichen und geraten darum bei den Missetätern schnell in Vergessenheit. Das Erinnerungsvermögen der Opfer ist weitaus länger, und außerdem haben sie sehr viel mehr Zeit, die von einer eher beiläufig geäußerten Mißbilligung geschlagenen Wunden zu lecken. »Doch wenn Sie glauben, Kritiker seien herzlos«, läßt sich Billington weiter vernehmen, »dann fällt mir ein, daß Künstler miteinander noch erbarmungsloser ins Gericht gehen.« Sodann zitiert er Gounod über Verdis *Ernani*: »Dieses Zeug dreht einem den Magen um«, oder Tolstoi über Tschechow: »Shakespeares Stücke sind schlecht, aber die Ihrigen sind noch schlechter«, dem ich noch Rossinis gemessenes Urteil über eine Wagner-Partitur hinzufügen möchte: »Um sie richtig zu werten, muß man sie zweimal hören. Persönlich habe ich nicht die Absicht, sie noch einmal zu hören.« Oder Berlioz' Seitenhieb auf Chopin: »Er brachte sein Leben damit zu, vor sich hin zu sterben.« Doch von schöpferischen Künstlern mit völlig anderer Auffassung nimmt man das hin, und keiner ihrer Kommentare schmerzt auch nur entfernt so sehr wie die Giftpfeile von Kritikern, die keinerlei besondere Leistung aufzuweisen haben, mit der sich ihre Angriffe rechtfertigen ließen.

Daß die jeweiligen Arbeitsprozesse völlig anders gelagert sind, kann ich selbst bezeugen. Beim Schreiben dieser Kolumne nehme ich durchaus kleine Verkürzungen und sogar, daß ein sorgfältig gewähltes Wort durch ein viel kahleres ersetzt wird, in Kauf, kurzum alles, was diejenigen tun, die eine Zeitung fristgerecht fertigstellen müssen. Die Schlagzeile erfahre ich immer erst, wenn ich mir die fertige Zeitung kaufe, und auch die Bebilderung entzieht sich vorher stets meiner Kenntnis. Und kaum ist der Artikel für diese Woche raus, beschäftigt mich schon der nächste.

Insoweit entspricht meine Arbeit in etwa der des Kritikers. Es gibt keinen Vergleich zwischen ihr und dem einsamen Mühen um das Schreiben eines Theaterstücks, um die Besetzung, die Proben und die schließliche Aufführung im gleißenden Rampenlicht der Öffentlichkeit, deren Einschätzung ebenso blitzartig erfolgt, wie der Weg zum Werk lang und langsam war. Zu meinen glücklichsten Erinnerungen zählt der lange Artikel des hochbegabten deutschen Dramatikers Rolf Hochhuth über eines meiner Stücke in Berlin. Der Zufall wollte es, daß er sich lobend äußerte, aber ich hätte ihn in jedem Fall mit Respekt gelesen, denn als Stückeschreiber weiß er, wovon er redet, und kennt die Herausforderungen.

Einer, der solches Wissen sauer verdienen mußte, was er mit rührender Anmut tat, war Cuthbert Worsley, einst Kritiker beim *New Statesman*. Er konnte einen auf schulmeisterliche Weise hart anfassen. Ziemlich spät in seinem Leben schrieb er dann ein Stück, das nicht besonders gut ankam. Er gestand in seltener und wundervoller Ehrlichkeit, nie sei ihm bewußt gewesen, welche schwere und einsame Kunst das Schreiben sei.

»Künstler sind fehlbar«, schreibt Billington. »Gleiches gilt für die Kritiker. Dennoch fände ich es hübsch, glauben zu können, daß wir als zeitweilige Gegner dennoch manchmal auf derselben Seite kämpfen.« Nichts dagegen einzuwenden. Und er schließt: »Einig sollten wir uns sein im Abscheu vor den Schäbigen, den Kitschigen und den Philistern rund herum.«

Lassen Sie mich, wenn der ohrenbetäubende Applaus der schöpferischen Künstler erst verhallt ist, noch mit einer leisen persönlichen Note schließen. Können Kritiker töten? Nicht absichtlich. Aber – und das ist fast schlimmer – sie können die Begeisterung, den Elan und die Gelassenheit töten.

Voraussetzung für eine Laufbahn in der Kunst ist eine außergewöhnliche Empfindsamkeit. Wer sagt, der Künstler müsse sich ein dickeres Fell zulegen, äußert einen unrealistischen, widernatürlichen Wunsch. Das politische Leben ist in unseren Tagen giftig und vulgär geworden, und dieses ärgerliche Klima färbt auf alle Aspekte des öffentlichen Daseins ab, gelegentlich sogar auf die Kritik. Gott sei Dank gibt es noch das Publikum, das sich seine eigene Meinung bildet und mich über mein Metier mehr gelehrt hat als selbst der klügste Kritiker.

13. Juni 1996

Die Großmutter der Parlamente

*B*udapest ist nicht nur schön, sondern auch eindrucksvoll. Steil erheben sich die Ufer der Donau zu beiden Seiten des Flusses, und auf den Hügelkämmen der Stadt thronen majestätische Gebäude. Das Parlament tagt, und es ist runder und freundlicher als der eckige Bau von Westminster, gleicht eher einem gigantischen viktorianischen Tintenfaß auf einem Pult.

In dieser Atmosphäre hielt der sogenannte Budapester Club im milden Schein der herbstlichen Sonne seinen fünften Dialog zum Thema »Übergang zur globalen Gesellschaft«. Bei diesem Anlaß wurde Staatspräsident Vaclav Havel als beispielhaftes und weitblickendes Mitglied der Menschheit geehrt. Die Festansprachen hielten so unterschiedliche Persönlichkeiten wie der Dalai Lama, Sir Yehudi Menuhin und die frühere isländische Präsidentin Vigdis Finnbogadottir.

Wie bei allen diesen erlauchten Zusammenkünften gab es Höhepunkte von erregender geistiger Stimulanz. Hin und wieder machte sich auch etwas Langeweile breit, was nichts Außergewöhnliches ist, wenn sich Visionäre der Gattung, die wie Kletten an Idealen haften, in einem Schwall von Platitüden ergehen, wie auf Erden Vollkommenheit entstünde, sofern man gewisse Rezepte befolge, beispielsweise den Chorgesang praktiziere.

Was sich der Initiator dieser Bewegung vorgenommen hat, ist weit hochgemuter und subtiler. Professor Ervin Laszlo ist unter anderem ein herausragender Philosoph, und mögen seine Vorstellungen in manchen Ohren auch utopisch klingen, sind sie doch mit einem Quentchen Glück realisierbar. Was ihn und andere an die Schwelle eines neuen Denkens führte, läßt sich vielleicht am besten mit Vaclav Havels Worten belegen, die in seiner Laudatio zitiert sind.

»Es gibt gute Gründe für die Vermutung, daß die Moderne zu Ende geht. Vieles deutet darauf hin, daß wir eine Übergangszeit durchmachen, wo das eine entschwindet und ein anderes unter Schmerzen geboren wird. Es ist, als bräche etwas zusammen, verfalle und erschöpfe sich, während sich etwas anderes, noch ohne deutliche Konturen, aus den Trümmern erhebt.«

Es oblag mir, diese Worte vorzulesen, und während ich zwar mit dem Inhalt übereinstimme, haderte ich doch mit der Übersetzung. Havel ist ein feinfühliger Schriftsteller, den das Schicksal in ein hohes Amt berufen hat, und ich bezweifle sehr, daß das tschechische Original genauso platt und sprachlich verkümmert klingt. Nun denn, die echte Beklemmung scheint dennoch durch.

Ich halte es für fraglich, daß einen britischen Politiker je solch beunruhigende Gefühle beschlichen. An Konflikten besteht kein Mangel, aber nur wenig deutet darauf hin, daß diese seismographischen Warnungen wahrgenommen werden, während sich das Land für die nächste Wahl rüstet. Da der demokratische Urnengang in den USA noch näher liegt, ist das Gespür für ein unheimliches Rumoren noch geringer; das jedenfalls schließe ich, wenn ich sehe, wie Senator Bob Dole feierlich seine Platitüden verstreut wie der Sämann die Körner auf dem Acker und verkündet, worum es in den Vereinigten Staaten einzig gehe, seien aufrechte Haltung, Wahrheit und Ehre. Vermutlich wird erwartet, daß einen solche Vorstellungen beseelen, während man im Central Park ausgeraubt wird. Die nahende Wahl mit ihrer Karnevalsatmosphäre entzieht der Objektivität jeglichen Boden.

So bleibt es kleineren Ländern wie der Tschechischen Republik und auch Ungarn überlassen, die Veränderungen zu erspüren, die uns in diesem Augenblick einholen. In Prag, in Budapest, sogar in Moskau, haben unmerklich neue Hände die Zügel ergriffen, ohne daß es mehr als eines Blutstropfens bedurfte. Warum? Das gemeine Volk, das man manchmal auch Pöbel nennt, war einst gewalttätig und weitgehend unwissend. Nun aber hat die Intelligenz eingesetzt, und sie erwies sich als ansteckend. Willkürliche Zerstörung ist nicht mehr en vogue, paßt nicht mehr in die Landschaft entwickelter Teile des Globus. Die ungewöhnlichen Demonstrationen der letzten Zeit in Brüssel sind ein weiterer Markstein des sich ankündigenden Wandels. Die stille öffentliche Empörung über veraltete Gewohnheiten der Gerichtsbarkeit und die Korruption in der Hierarchie ist zwar gemäßigt, aber ersticken läßt sie sich nicht. In Brüssel genau wie in Prag und Budapest haben sich die Menschen zu Wort gemeldet, zwar außerhalb der demokratischen Strukturen, aber dennoch im Einklang mit ihnen.

Natürlich gibt es auch weiterhin Ausnahmen von diesem unauffälligen Wandel; Bosnien, Ruanda und Somalia erholen sich erst langsam vom Zusammenbruch ihrer einstigen Reiche, und es gibt immer noch unterdrückerische Regimes wie etwa in Nigeria, Birma, Iran und Irak, aber insgesamt sind es doch weniger als zuvor. Trotz der fortdauernden Existenz nuklearer Waffen in der Welt als sich allmählich vermindernde Bedrohung, weil sie heute auf niemanden gerichtet sind, obgleich sie immer noch Unheil anrichten können, und trotz des weiter gespannten Fluchs der Landminen, die jeden Zufallspassanten gefährden, wird unser Planet langsam aber sicher zu einem nicht mehr ganz so gefahrvollen Platz. Wer dafür sorgt, sind der Mann und vielleicht noch mehr die Frau auf der Straße, wo immer sie die Freiheit erlangten, ihre Meinung äußern zu dürfen.

In ihrer kurzen Ansprache entschuldigte sich Vigdis Finnbogadottir bei mir für den entschiedenen Hinweis, daß man Westminster zwar die Mutter der Parlamente nenne, das isländische dann aber zweifelsohne deren Großmutter sei, habe es doch schon Jahrhunderte vor dem britischen bestanden. Sie selbst machte mich mit dem isländischen Parlament vertraut, das im Jahre 930 n. Chr. begründet wurde. In dem Freilichtbau saß die Regierung auf verstreuten Wackersteinen, die Opposition auf anderen, dazwischen gähnte ein Schlund. Niemand konnte sich auf die Gegenseite begeben, denn dies hätte den sofortigen Tod zur Folge gehabt. Pech für John Major, daß dieses Detail im jüngeren Parlament nicht kopiert wurde.

31. Oktober 1996

Hätte Einstein seine Theorie in vierzig Sekunden erläutern können?

Zungenfertigkeit und Zähigkeit sind zweierlei Ding. Wollen wir nun den schlagfertigen Geistesblitz oder die verborgene kleine, aber konstante Flamme des Kochers im Hinterstübchen? Lieber Blitzlichtgewitter als gar kein Licht, wird mancher sagen.

Sind wir da so sicher? Wir leben in einer Zeit, in der die unerbittliche Schnelligkeit der Ereignisabfolge unsere Aufmerksamkeitsspanne automatisch immer weiter verkürzt. Es bleibt immer weniger Zeit, um das Wichtige vom bloß Auffälligen zu unterscheiden.

Dafür sorgt das Fernsehen, das uns aufzuzwingen versucht, wie weit unsere Vorstellungskraft gehen und wie breit unser Blickwinkel sein darf. Man kann sich problemlos vorstellen, wie der Moderator einer Talkshow unserer Tage, dessen Auge vom Prompter zur Uhr und weiter zu seinem Tagesgast springt, zu Einstein sagt: »Erklären Sie uns in den verbleibenden vierzig Sekunden unserer Sendung den Kern Ihrer Theorie, aber machen Sie's bitte kurz.« Wobei schon die Frage die Hälfte der zugeteilten Zeit in Anspruch nimmt. Unter solchen Umständen kann die Antwort gar nicht anders als uninteressant ausfallen. Die Frage wird zur bloßen Geste gegenüber dem anerkannt eminenten Rang des Mannes in Denkdisziplinen, die sich den meisten entziehen.

Kann sich ein junger Mensch heute noch vorstellen, wie das Leben im Mittelalter oder gar im alten Griechenland aussah? Gibt es noch ein unbeschriebenes Beobachtungsfeld, in dem sich die Phantasie in freiem Lauf entfalten könnte? Wohlgemerkt: Das Beobachtungsfeld war damals viel kleiner als heute, aber es wurde noch nicht von anderen Elementen beengt als von einer engstirnigen und erbarmungslosen Religiosität und vor allem Gottesfurcht. Insoweit war dieses Feld in der Antike größer. Die alten Griechen und Römer erfanden Götter, die Wunder zu vollbringen imstande waren, den menschlichen Drang zur Eroberung des Unmöglichen beflügelten, in die Tiefen des Ozeans hinabzusteigen oder über die Stratosphäre hinauszufliegen zum Beispiel, lauter Dinge, die wir heute tun können. Wir aber leben in einer Welt, in der die pluralistischen Götter überflüssig geworden sind und sogar der Monotheismus unter Druck gerät. Tüchtigkeit und Ineffizienz drohen Gut und Böse als Pole unserer Wertmaßstäbe zu verdrängen. Wie kam es dazu?

Sicher waren Religion und Freiheit nie die verträglichsten Bettgenossen und ist die Trennung von Kirche und Staat ein Wahrzeichen der gesellschaftlichen Evolution. Schließlich erlegt die Religion dem menschlichen Verhalten, ja sogar dem menschlichen Denken Gesetze auf. Die Zahl derer, deren Glieder in Kerkern aus vordem harmonischen Gelenken gerissen oder die auf öffentlichen Plätzen verbrannt wurden, bezeugt die Angst vor unorthodoxen Gedanken, die in dem zu Recht als dunkel bekannten Zeitalter überall umging. Freiheit setzt gleichwie Religion Wohlverhalten voraus, aber damit endet der Sozialkontrakt zwischen den beiden auch schon. Denn die Gedanken des einzelnen gehen niemanden etwas an, sind gar geheim.

Heute lasten zwei anhaltende Einflüsse auf dieser uralten Gleichung: zum einen das wachsende Bewußtsein von Männern und Frauen in einer Welt, die sich schwer tut, sich den Notwendigkeiten einer globalen Gesellschaft anzupassen; zum andern der ungeheure Fortschritt der Kommunikation, infolgedessen Botschaften Sekunden nach ihrem Entstehen am anderen Ende der Welt landen. Was wir zu verbessern vergaßen, sind allerdings die Botschaften selber. Sie haben sich sogar verschlechtert, seitdem das menschliche Ohr des herrlichen Elixirs der Stille entwöhnt wurde.

Am besten lassen sich diese Vermutungen vielleicht am Beispiel des Sports illustrieren. Das Tennisjahr ist fast vorüber. An das krönende Ereignis der diesjährigen Hallensaison in Hannover Ende dieses Monats schließt sich ein kurzer Winterschlaf an. Die Preisgelder waren gewaltig und wurden allenthalben ausgiebig kommentiert. Die Vorstufen zum Höhepunkt waren die Veranstaltungen in Stuttgart und Paris. Bei der ersteren verblüffte Boris Becker die Kritiker, indem er in einer extremen Konzentrationsanstrengung Pete Sampras in fünf Sätzen besiegte. Es folgte Paris, dessen disziplinloses Publikum den Eindruck erweckte, als sei es geradewegs vom Jeu de Paumes herübergeströmt, in dem die Französische Revolution ihren Ausgang nahm. Becker flog in der ersten Runde raus und beklagte sich bitterlich, er habe in einem Zoo spielen müssen. Seine Nerven hatten sich offenbar vom Stuttgarter Eifer noch nicht wieder erholt. Er konnte sich damit trösten, daß auch Sampras, Opfer derselben mentalen Erschöpfung, wenngleich weniger demonstrativ, eine demütigende Niederlage einstecken mußte. Auf dem Weg ins Finale scheiterten alle führenden Spieler, weil ihre Schultern schmerzten, sie Beinkrämpfe hatten oder ganz einfach emotional ausgelaugt waren. Der schließliche Sieger Thomas Enquist erklärte, seine zwei Jahre als Juniorenchampion hätten ihm noch Spaß gemacht, sein Eintritt ins kurze Leben als Erwachsenenspieler hingegen sei schwierig gewesen. Im Zirkus gibt es keine Kameraden, sondern lediglich Mitgladiatoren im selben Getümmel.

Wer in Hannover siegen wird, bleibt offen. Der Gewinner kann das Vorjahresmodell seines Ferrari mit dem diesjährigen vertauschen. Sein Finalgegner ebenfalls. Warum auch nicht? Ihr Leben bemißt sich eher nach Monaten als nach Jahren. Stefan Edberg zieht sich mit dreißig Jahren zurück. 1919 verteidigte Norman Brookes seinen Wimbledontitel noch mit einundvierzig. Das Spiel ist nicht mehr dasselbe, ebensowenig das Leben.

Urteile werden heutzutage im Handumdrehen gesprochen und sind im wesentlichen so oberflächlich wie die Entscheidungen der bedauernswerten Linienrichter. Wir haben unsere Augen an schnelleres Fahren gewöhnt, als vordem möglich war, und die Grand-Prix-Fahrer scheinen die Grenze des – im Augenblick – Menschenmöglichen erreicht zu haben. Für alles, was außerhalb unserer Reichweite liegt, verlassen wir uns auf den Computer. Aber der Computer macht Fehler, genau wie wir. Die Ironie der Geschichte ist es, daß uns die voranstürmende Wissenschaft ein längeres Leben garantiert, die Abnutzung des Lebens aber eine kürzere Kindheit beschert, eine kürzere Jugend, eine sehr viel kürzere Zeit der Erwachsenenreife und einen langen, trüben Abend des großen Abenteuers, wenn unsere Spannkraft in dem von Eintagsfliegenerfolgen gespeisten, tödlichen Tempo nicht mehr mithalten kann.

7. November 1996

Sturm im Weinprobierglas

Welch herrlich heitere Lust, sich für einen Moment in die überempfindliche Vergangenheit zurückzuversetzen mit ihren lachhaften Duellen, die sich zu unmenschlicher Herrgottsfrühe in allseits verkündeter Heimlichkeit abspielten und in denen mit Ergebnissen, die vom unerwarteten Todesfall in der Familie bis zum oberflächlichen Kratzer reichten, der Ehre Genüge getan wurde.

Der Zwischenfall, bei dem der französische Außenminister Hervé de Charette einen Diplomatenempfang im selben Augenblick verließ, als ein Toast auf seinen scheidenden amerikanischen Amtskollegen Warren Christopher ausgebracht wurde, stank nachgerade wie ein altmodischer Affront zum Himmel. Er hätte ausgereicht, um in Altheidelberg gespenstisches Säbelrasseln auszulösen und von Geisterrapiers im Bois de Boulogne die Funken stieben zu lassen. Doch in unserem Informationszeitalter ist der Zwischenfall nur noch eine Notiz in ein paar Zeitungen samt Foto der Streitparteien wert, die einander letzten Monat bei einem diplomatischen Anlaß den Rücken zukehrten und offenkundig an alles andere als den jeweiligen Gegenpart dachten.

Nur noch den üblichen Schnappschüssen des empörten israelischen Ministerpräsidenten Benjamin Netanjahu wurde mehr Raum gewidmet.

Nach vorliegenden Berichten nehmen die Spannungen zu, denn der Sprecher des State Department, Nicholas Burns, hat eine Meldung bestätigt, wonach der französische Außenminister einer Nato-Sitzung den Rücken gekehrt hat, der Christopher beiwohnte. Der französische Regierungssprecher Jacques Rummelhardt dementierte das zornig. »Die diese Information verbreiten, wollen eindeutig die französisch-amerikanischen Beziehungen stören«, soll er gesagt haben.

Das scherte Burns indes wenig; er lobte den Bericht der *Washington Post* über den Zwischenfall und empfahl seine Lektüre. Der Artikel sei völlig zutreffend mit Ausnahme eines Punktes: Der französische Außenminister habe den Lunch nämlich erst verlassen, als er vorüber war. Da ich nicht da war, kann ich zu dieser Feststellung nur wenig beitragen, außer daß am Ende des Essens vermutlich alle Welt wegging.

In Paris hatte de Charette keine Zeit, näher auf die Sache einzugehen, und äußerte lediglich, er verurteile Intrigen dieser Art. Ab diesem Punkt waren die Empfindlichkeiten so gereizt, daß nur noch anonym kommentiert wurde. Ein höherer französischer Beamter konzedierte, de Charette habe eine Ehrung Christophers bei einem Nato-Dinner versehentlich verpaßt, ihm aber nicht absichtlich die kalte Schulter zeigen wollen.

Der aufmerksame Leser hat sicherlich bemerkt, daß die Veranstaltung als Nato-Sitzung begann, sich zu einem Lunch mauserte und mittlerweile als Dinner firmiert. Wie lange dauern solche Nato-Ehrungen wohl üblicherweise, und ist dabei auch für eine gelegentliche, von »force majeure« (wie die Franzosen mit unerträglicher Arroganz sagen würden) diktierte Abwesenheit Vorkehrung getroffen? Ein namentlich nicht genannter amerikanischer Beamter beschrieb, was immer es war, als »unglaublichen Ausdruck mutwilligen Verhaltens«. Nach zwei amerikanischen Zeitungen hat die vorgebliche Weigerung der Franzosen, sich vor Christopher zu verneigen, die amerikanischen Diplomaten zutiefst verärgert. Und um das Maß der Verwirrung vollzumachen, ließ eine französische Quelle verlauten, von einem weiteren Vorwurf – nach de Charettes Weggang habe der französische Nato-Botschafter seinen Platz eingenommen, weiteren Ministern den Rücken zugedreht und sich während der Ehrung von Christopher mit einem Mitarbeiter unterhalten – sei ihr nichts bekannt. Wie, bloß eine Ehrung und gleich zwei Affronts? Die Nato gab eine Erklärung heraus, de Charette habe »den Raum während des Lunch nicht verlassen«. Doch schon meldet sich der Chor anonymer Bösewichter: »Und wie war es nach dem Lunch, wenn die langweiligen Toasts ausgebracht werden und die Delegierten unruhig auf die Uhr schauen?«

Bei so viel Übelwollen wird es nie gelingen, das Rätsel dieses Sturms im Weinprobierglas zu lösen. Daß die Bekundungen französischer Unabhängigkeit die Vereinigten Staaten irritieren, weiß jedes Kind. Die Franzosen bestehen darauf, Französisch zu reden, und das ist schon der Anfangsbeweis mangelnder Gutwilligkeit. Sodann, meint Burns, hätten bei einer neulichen Nato-Tagung alle Länder mit Ausnahme Frankreichs einer amerikanischen Initiative für den Partnerschaftsrat zugestimmt, der die Nato und ihre früheren Ostblockgegner umfassen solle. Frankreich machte Vorbehalte geltend. Burns hätte hinzufügen können, daß bei einer jüngsten Sicherheitsratssitzung alle Länder mit Ausnahme der USA einer zweiten Amtszeit von Boutros Boutros-Ghali als UNO-Generalsekretär zustimmten. Da machten wiederum die Amerikaner Vorbehalte geltend und ließen nicht zu, daß ihnen die andern auch nur einen Augenblick im Weg standen.

Frankreich fordert jetzt in Erinnerung an den Großen Krieg und Marschall Foch einen Europäer als Befehlshaber für das Südkommando der Nato. Im Zweiten Weltkrieg war Frankreich eine Zeitlang vom Feind besetzt, weshalb der aus dem Ersten stammende Präzedenzfall keine Chance hatte, sich zur Gewohnheit zu entwickeln. Heute gibt es in den USA zu viele Stimmen, die entschlossen sind, niemals zuzulassen, irgendwelche Landser fremdem Oberbefehl zu unterstellen, womit jeglicher französische Protest eher an das Wehklagen eines abgeblitzten Liebhabers gemahnt.

Außerdem will Frankreich ein Mitspracherecht im nahöstlichen Friedensprozeß. Libanon und Syrien unterstanden einst seiner Treuhänderschaft. Aber vielleicht führt allzuviel Druck in dieser Richtung nur zu dem, was die amerikanische

Presse ungerührt als Laufpaß beschreibt, und zu einer Mißstimmung der Art, wie sie sich Staatspräsident Jacques Chirac bei Netanjahu einhandelte.

Wenn wirklich Mutwille im Spiel war, dann kommt es wie immer auch auf den Betrachter an. Insoweit ging es noch einmal glimpflich ab. Der Zwischenfall betraf nur den liebenswürdigen, verständnisvollen Christopher, und nicht eine unerschrockene Kämpferin wie Madeleine Albright, die die Sache zum allgemeinen Entsetzen und ohne für anonyme Kommentare Raum zu lassen, sofort vor Ort auf die Spitze getrieben hätte. *Quelle indélicatesse!*

19. Dezember 1996

Krimis aller Länder

Zwischen den Krimis verschiedener Nationen gibt es feine Nuancen, in denen sich Verschiedenheiten ganz anderer Natur niederschlagen. Die Amerikaner können sich als Erfinder des Genres, wenn nicht als Literatur, so doch als Ablenkung fürs Auge ausgeben. Insoweit können sie behaupten, alle anderen beeinflußt zu haben, was freilich nur selten zutrifft. Das liegt daran, daß Tempo und Ungestüm des amerikanischen Lebens, seine Extrovertiertheit und sein Egoismus, nicht jedermanns Geschmack sind. Dennoch gibt es sogar in den USA ein paar erfrischende Ausnahmen wie zum Beispiel Columbo, in dessen Abenteuern man den Schuldigen von Anfang an kennt und es einzig am Detektiv liegt, wenn man sich in einer entspannteren Atmosphäre aalen kann als üblich. Der Mörder lächelt und ist kooperativ bis zu den letzten Minuten, in denen Columbo auf die Wahrheit zusteuernd dramatisch sein Doppelspiel entlarvt und die Stunde der Wahrheit geschlagen hat. Cannon wich ebenfalls von der Norm ab durch seine Körperfülle, Raymond Burr war an den Rollstuhl gefesselt, und sogar Kojak hatte noch den Lutscher, an dem er sich zur Not festhalten konnte. Dennoch waren die Schlußszenen geräuschvoller und breiter ausgemalt, als man sich normalerweise anderswo leisten konnte.

Es gibt Schlachten, die mit Waffen der modernen Kriegführung geschlagen werden, die offenbar nie nachgeladen werden müssen, wobei meist kreischende Reifen in Tiefgaragen oder auf abgelegenen Kaiufern die Sache einleiten. Von dem Augenblick an, da die wilde Jagd beginnt, hören die Reifen nicht mehr zu kreischen auf. Der Lärm dient dazu, der Polizei klarzumachen, in welchem Wagen die Banditen das Weite suchen. Die Spielfläche verflacht sich insoweit, als die Banditen den Vorsprungsvorteil für sich buchen können, daß sie am

Straßenrand stets einen freien Parkplatz finden. Herrschen irgendwelche Zweifel, womit sich die Spannung weiter steigern läßt, saust ein Ferrari über eine Klippe und zerschellt beim Aufprall in einem Flammenmeer, womit gleichzeitig der Beweis erbracht wird, daß die fragliche Produktion nicht knauserig ist und keine Kosten scheut, um das Interesse der Zuschauer wachzuhalten. Oft geht es bei der Auseinandersetzung nicht einfach um die Konfrontation zwischen den braven Jungs und den bösen Buben. Häufig wird noch eine beschränkte oder sogar korrupte Polizei als weiteres Element ins Spiel gebracht.

Hercules' Mühen waren ein Kinderspiel im Vergleich zum ohrenbetäubenden Ruf der Pflicht im Hauptstadtdschungel, der an ein klar konturiertes Verhaltensmodell ergeht, dessen Gegenwart dazu dient, der Jugend zu zeigen, daß im Land der Freien jeder beliebige Zweck die Mittel heiligt.

Da das Leben so getreulich widergespiegelt werden soll, wie es die Regeln der Unterhaltung zulassen, ist Sex solange zulässig, als er geschmackvoll ist. Sex, nicht Liebe, denn für die bleibt in einem wohlkonstruierten Fernsehdrehbuch nur wenig Zeit. Ein nacktes Bein und eine feuchte Lippe genügen, den einsamen Polizisten daran zu erinnern, daß er seit vorgestern keine Leidenschaft mehr erfahren hat, worauf er prompt in die Falle tappt und damit beweist, daß er stinknormal ist und gleichzeitig ein Verhaltensmodell für selbstzweifelgeplagte Erwachsene darstellt.

Das britische Gegenstück zu dieser Unterhaltungssparte hat immer einen leicht traurigen und frustrierten Beigeschmack, der dem amerikanischen immer abgeht. Die knorrigen Züge eines Taggart oder der sauertöpfische Gemütszustand von Inspektor Morse, von der nur schwer beizukommenden Schönheit von Helen Mirren ganz zu schweigen, versetzen uns in den Kreis gewöhnlicher, stets von menschlichem Mißgeschick begleiteter Sterblicher, deren zunächst kleine Vergehen größere

Ausmaße anzunehmen drohen. Die Feinde sind nicht nur die Gesetzesbrecher, sondern auch einzelne Polizisten, die wie im wirklichen Leben nicht so sehr unterschiedlichen Loyalitäten, als vielmehr verschiedenen Temperamenten gehorchen.

Ein Grundelement der klassischen Tragödie ist seine Unausweichlichkeit, und dieses Element wird in Krimis sorgfältig beibehalten durch sorgfältiges Nebeneinanderstellen verschiedener Mitwirkender, von denen jeder das tut, was ganz natürlich in einem dramatischen Schluß gipfeln muß. Britische Detektive scheuen Sex in der Regel und befleißigen sich gegenüber dem Thema einer vorsichtig kühlen Distanz. Den Franzosen, die sich vieler wichtigerer Tugenden rühmen können, fällt es schwer, mit Verbrechen überzeugend umzugehen. Ihren Drehbüchern fehlt die dem Genre unerläßliche Zielstrebigkeit, und ihr Sinn für Menschlichkeit hindert sie an der perfekten Akkuratesse polizeilicher Arbeit. Allzuoft verläßt der Leinwanddetektiv aus lauter Faszination mit den Mördern seine Lebensgefährtin. Hier geht es nicht um Sex oder derlei Vulgäres, sondern was als leichtfertiger Flirt beginnt, vertieft sich, und wie jeder Kenner weiß, ist für solcherlei in einem dem Zeitdiktat unterworfenen Drehbuch einfach kein Platz. Wobei noch hinzukommt, daß den französischen Autor die Liebesaffäre mehr interessiert als der Täter, so daß die eigentliche Geschichte unvermeidlich auf der Strecke bleibt.

Die Italiener, bei denen die authentische Mafia zu Hause ist, sind besser als sonstwer im Horror und der Hinführung zum Einzelmord, während die Deutschen heutzutage die psychologisch raffiniertesten Krimis auf die Mattscheibe bringen. Sie bauen so unübliche Elemente wie Mitleid und Gewissensbisse ein in ein Genre, das in seinen Anfangstagen ganz gut auch ohne sie auskam.

Doch wo endet die Fiktion und beginnt die Wirklichkeit? Die Antwort lautet: Die Fiktion endet nach einer halben oder ganzen Stunde oder vielleicht auch zwei Stunden, je nachdem, welche Länge die Programmplaner eingeräumt haben. Die Wirklichkeit ist die langweilige, ungestalte und einförmige Zeit vor und nach der wohlgeordneten Fiktion. Manchmal werden die beiden allerdings einen Moment lang verwechselt.

So gesehen, nimmt sich die Vorstellung irgendwelcher Exzentriker, die Helmut Kohl in einem offenen Brief vorwerfen, Deutschland verfolge die Scientologen wie vordem die Juden, wie vielversprechendes Material für ausgefallene Fiktion aus. Leider verweisen ihn so angesehene Unterschriften wie die von Dustin Hoffman und Larry King wenig feierlich ins Reich der geschmacklosen Realität.

16. Januar 1997

Gibt es ein Leben jenseits der Berge?

Neulich ließ ich durchblicken, die nationale Politik habe viel von ihrem Reiz eingebüßt, weil sich ihr Horizont zusehends verengt und Parteien, die sich dem Anschein nach dramatisch bekämpfen, von den wirtschaftlichen Realitäten wohl oder übel zu praktisch demselben Programm gezwungen werden, auch wenn sie diese Vorstellung lautstark und entrüstet weit von sich weisen. Die Globalisierung der Politik zeige sich in der zunehmenden Bedeutung der nichtstaatlichen Organisationen im politischen Leben.

Wie zum Beweis tagt diese Woche im schweizerischen Davos das Weltwirtschaftsforum. Die Veranstaltung findet regelmäßig statt und hat sich mit zunehmender Globalisierung gewaltig erweitert. Sie beschäftigt sich mit dem, was die Tagesinnenpolitik nicht zu fassen vermag, und dieser Überlauf, der nach einem Ventil sucht, läßt sich nicht mehr ignorieren oder als nutzloser Luxus behandeln.

Da Boris Jelzin noch in Genesung weilt, ist der russische Ministerpräsident Viktor Tschernomyrdin gekommen. Desgleichen sind der Präsident des Eidgenössischen Bundes, Arnold Koller, der israelische Ministerpräsident Benjamin Netanjahu, der ägyptische Präsident Hosni Mubarak und PLO-Chef Jassir Arafat da. Diesen Treffen kann sich keiner entziehen, zumal diesmal auch Gewerkschaftsführer eingeladen wurden, über das Dilemma der Arbeitslosigkeit zu sprechen. Das war ein kluger und konstruktiver Beschluß, zumal, wenn man bedenkt, wieviel Zeit und Geld auf Streiks und andere fruchtlose Folgen fehlenden Dialogs verschwendet werden.

Da alle unsere Probleme ineinander verzahnt sind, liegen vernünftigerweise auch die Lösungsversuche im allgemeinen Interesse. Wie bei allen Gipfeln wird in den Kulissen mindestens ebensoviel konstruktive Denkarbeit geleistet wie auf der

Rednertribüne. Persönliche Kontakte abseits des Rampenlichts ebnen den Weg zur Harmonie vielleicht sogar noch mehr als politische Grundsatzerklärungen, selbst wenn sich die Akteure zunächst vor allem vom Rampenlicht angezogen fühlten.

Vielleicht finden Koller und Netanjahu einen vernünftigeren Weg zur Behandlung des Problems der während der Schreckensherrschaft der Nazis in Schweizer Banken deponierten Guthaben jüdischer Mitbürger als die würdelosen Schlammschlachten, die einen bislang tadellosen Ruf auf dieser Seite des Atlantik ungerecht besudelt haben. Dazu muß man sich zunächst vor Augen halten, daß der Hintergrund, die Dimensionen und die Logik der Schweiz und der USA bei aller sonstiger Gleichheit ihrer demokratischen Ideale unterschiedlicher gar nicht sein könnten. Der schweizerische Traum ist weniger ausufernd als der amerikanische. Seine Grenzen haben mit Quadratkilometern und Bergen zu tun.

Kürzlich erschien in einer Schweizer Zeitung eine Karikatur, auf der zwei Landarbeiter in metaphysischer Diskussion zu sehen waren. Anstatt sich zu fragen, ob es ein Leben nach dem Tode gibt, fragt der eine den andern, ob er meine, daß es jenseits der Berge Leben gibt. Und vielleicht erklärt die Schweizer Version der Schöpfungsgeschichte ein wenig die Haltung der Schweizer gegenüber ihren Banken. Danach befragte Gott nach Erschaffung der Schweiz die Urschweizer nach ihren Wünschen. »Möchtet Ihr außer den Gipfeln und Seen noch etwas haben?« erkundigte sich der Allmächtige. »Nun, wenn Ihr schon fragt, Herr – ein paar Kühe wären nicht schlecht.« Als der Allmächtige später erneut zu Besuch kam, war er tief beeindruckt von der glänzenden Nutzung der Kühe auf den grünen Weiden. Als kleine Anerkennung für seine Mühe und sein Verständnis bat er um ein Glas Milch. Sofort wurde seinem Wunsch entsprochen, begleitet von der Ermahnung: »Das macht dann zwei Franken und fünfzig Rappen.«

Gewisse Tendenzen der modernen Gesellschaft sind den Schweizern noch absolut fremd. Eine politische Gestalt wie Senator Alfonse d'Amato, der als Vorsitzender des Senatsausschusses für das Bankwesen in schöner Regelmäßigkeit mit Informationsscheibchen, die ihm das Archiv des State Department an die Hand gibt, die Schweizer Banken und überhaupt die Schweiz regelrecht zerstückelt, versetzt die Schweizer Psyche in Panik. Nun wäre schneidende Häme der Art, wie der Senator sie praktiziert, natürlich auch in der Schweiz möglich, aber ihr Urheber würde ungeachtet seines Rangs augenblicklich als verantwortungsloser Unhold diskreditiert. Ebenso will den Schweizern trotz zuverlässiger und erschöpfender Presseberichterstattung über die amerikanische Szene nicht in den Kopf, die USA seien ein so offenes und freies Land, daß die Unterstellung einer Sekretärin, sie sei vom Präsidenten vor dessen Amtsantritt sexuell belästigt worden, tatsächlich ernst genommen wird. Woanders würde man dem skeptisch und mit zweifelnd erhobenen Augenbrauen begegnen. Na, und wenn schon?

Das soll nicht heißen, daß die Schweizer, seien sie auch noch so solide, gegen alle Einflüsse gefeit sind. Die Schweizer *Sonntagszeitung* hat einen vertraulichen Bericht des Schweizerischen Botschafters in Washington an seine Regierung abgedruckt, mit dem er sie aus ihrer gewohnten Schläfrigkeit aufzurütteln und zu einer Reaktion auf bestimmte Provokationen zu bringen versuchte. Das Vorgehen der Zeitung entsprach dem, was man andernorts als Enthüllungsjournalismus bezeichnet. Doch als echter Schweizer trat der Botschafter zurück. In einem Rundfunkinterview meinte der Herausgeber der Zeitung, wenn er die Information nicht gebracht hätte, hätte es ein anderer getan. Womit bewiesen wäre, daß die Geldwechsler, die Christus einst aus dem Tempel verjagte, inzwischen Hausherren sind. Auch das eine Rechtfertigung für das Forum von Davos.

6. Februar 1997

Der arme O. J.

Nach einem Galaabend in München konnte ich nicht schlafen, also schaltete ich den Fernseher ein. Heutzunacht laufen die meisten Kanäle noch auf vollen Touren und zeigen alles, von Telefonnummern für kesse Unterhaltungen bis zu sich im Halbdunkel windenden Körpern, die etwa so sexy und vielsagend sind wie die Gebrauchsanleitung für den neuesten Staubsauger.

In diesem nächtlichen Getümmel trifft man auch auf Filme, die den an Schlaflosigkeit Leidenden hingebungsvoll mit einem Gewühl aus Werwölfen, Affenmenschen und Stubenfliegen in mittlerer Hausgröße in den Schlaf zu wiegen suchen. Desgleichen werden Maschinen vorgeführt, mit denen sich mollige Taillen auf die Maße ranker Ballerinen reduzieren lassen, ansonsten Geld zurück, und schließlich gibt es den immerwährend präsenten Larry King auf CNN. Wen hatte er als Gäste bei sich? Wie so oft in diesen Tagen waren es Anwälte, die O. J. Simpson entweder verteidigt oder angeklagt haben oder auch beides. Der Prozeß sei vorüber, sagen sie uns, dabei wird er ihm gerade erst gemacht.

Immer gibt es Sachverständige der amerikanischen Verfahrenstechnik, die uns mit bewundernswerter Klarheit erläutern, warum man, in einem Strafverfahren für nicht des Mordes schuldig befunden, dennoch vor einem Zivilgericht der Tötung von Menschenleben bezichtigt werden kann, und daß diese Urteile mit Geist und Buchstaben des Gesetzes vollkommen vereinbar sind. Zum Glück fordert nie jemand Gerechtigkeit ein, denn in diesem Zusammenhang könnte das leicht als Gotteslästerung ausgelegt werden.

Im heutigen Gespräch ließen sich die Sachverständigen darüber aus, was O. J. tun müsse, um die Gunst eines feindseligen Publikums wiederzuerringen. Man kam zu dem Schluß, es sei falsch, unter den obwaltenden Umständen weiterhin Golf zu spielen, denn damit vermittle ein vom Strafgerichtshof von der Anklage des Mordes an seiner Frau Freigesprochener ein Bild der Genußsucht. Wobei mitschwingt, für den erfolgreichen Geschäftsmann, der keine Gelegenheit gehabt hat, des Mordes an seiner Frau verdächtigt zu werden, sei Golf kein Genuß.

Was er anstelle des Golfspiels unternehmen solle? Die weisen Männer meinten, er solle sprachgestörten Kindern laut vorlesen oder sich einer ähnlich selbstlosen, unbezahlten Beschäftigung befleißigen. Offenbar widmet sich O. J. seinen eigenen Kindern immerhin so hingebungsvoll, daß sich dieser Gedanke aufdrängte. Aber damit es auch wirkt und seinen Ruf aus dem Schlamm zieht, müßte es öffentlich gemacht werden, und es ist schwerlich vorstellbar, daß seine väterliche Fürsorge eine Nachricht abgäbe.

Die Herren diskutierten nicht nur O. J.s Rehabilitierung, sondern auch den Zustand seiner Finanzen – Anlaß einer landesweiten Debatte. Dem Zyniker leuchtet augenblicklich ein, daß für ihn bei so niedrigem Verkehrswert unter der vorwiegend weißen Leserschaft keine Aussicht bestand, einen Vorschuß auf ein von ihm geschriebenes Buch zu ergattern, während die Bücher von Christopher Darden und Marcia Clark, beide im Strafverfahren auf der Staatsanwaltsbank angesiedelt, Vorschüsse von über einer Million Dollar wert waren, wie es heißt. Das ist dann wohl der Ausgleich dafür, daß sie sich auf der Verliererseite befanden.

Kurzum, die Auguren gelangten zu dem Schluß, O. J. sei ziemlich übel dran, weitgehend zahlungsunfähig, komme nicht an seine Investitionen und habe keine Chancen. Die Geschworenen bewerteten O. J.s moralische Schuld – weil er immerhin, ohne die Opfer tatsächlich getötet zu haben, bei zwei Todesfällen mitgewirkt habe – auf 25 Millionen Dollar. Diese Buße kam noch zu 8,5 Millionen Dollar Entschädigungsstrafe hinzu. Auf den Ätherwellen wurde spekuliert, er werde bankrott gehen, was die Schadenszumessung der Geschworenen zu einer rein akademischen Frage werden läßt.

Als Alternative wurde suggeriert, seine Anwälte könnten Berufung einlegen und das Verfahren uns möglicherweise alle überdauern. Unterdessen plant O.J., Los Angeles zu verlassen und, wie zu hoffen, in einem gemäßigteren Klima Golf zu spielen. Das Einschlafen nach dieser Sendung fiel schwerer als nach einem Horrorfilm. Das Denken verweigert sich der Ruhe – oder Geld zurück!

So weit also zum Gesetz; wenden wir uns der Gerechtigkeit zu, der Gerechtigkeit in einer freien Welt, dem Kampf gegen den Mißbrauch geistigen Eigentums in Gegenden, die auf solche Dinge noch nicht achten. Bücher werden ohne Lizenz nachgedruckt, Filme und Videos raubkopiert, Musik schlicht und einfach gestohlen. Solche Vergehen werden im Westen schwer geahndet. Oder vielleicht doch nicht? O.J.s Strafverfahren ist inzwischen zu einem bunten TV-Renner avanciert, vor dessen Produktionskosten einem die Augen übergehen. Er überbot zeitweilig noch *Dallas* an Langweiligkeit, aber seiner Echtheit und gerade dieser Langeweile wegen war er oft auch unheimlich packend. Simpson selbst spielte im Verfahren nur eine winzige Nebenrolle, probierte lediglich einmal einen um mehrere Nummern zu kleinen Handschuh an, saß im übrigen nur reg- und sprachlos da. Dennoch: Ohne ihn hätte es nie ein Verfahren gegeben. Es war seine Show, und er durfte sich einer riesigen Helferschar rühmen, darunter Richter Lance Ito, Verteidiger Johnny Cochrane, Polizeiinspektor Mark Fuhrman und all die Tausende, deren schiere Zahl die Nennung ihrer Namen verbietet.

Es heißt, das Urteil sei die Folge einer Spaltung entlang rassischer Trennlinien gewesen. Als Angehöriger der weißen Rasse meine ich, ein Schuldspruch wäre angesichts der Beweislücken und der miserablen Leistung der Polizei von Los Angeles unmöglich gewesen. Dem Gesetz wurde Genüge getan. Der Gerechtigkeit auch?

Rechterdings sollten O. J. in der jetzigen Phase keinerlei finanzielle Sorgen plagen. Selbst wenn man seinen Beitrag zu seinem Wanderzirkus nur als den eines Agenten einstuft, steht ihm moralisch wenigstens ein Anteil an den für die Fernsehrechte bezahlten Geldern zu, ganz zu schweigen von der Investition seiner Persönlichkeit in Bücher von Anwälten oder Geschworenen, die sein Mißgeschick in persönlichen Profit ummünzen. Wenn die Gerechtigkeit ein Mitspracherecht hätte, könnte er allein aus dieser Provision sämtliche Schulden begleichen, was immer die zivilen Geschworenen ihm aufbrummen mögen. Widersinnig? Ist die eigene Person denn nicht das geistige Eigentum eines jeden, zumal, wenn man für nicht schuldig befunden wurde? An ihm liegt es nicht, wenn er unter die schlechten Verlierer und die noch größeren Gewinner gefallen ist.

13. Februar 1997

Jungfrau obendrein

Worin besteht die wahre Hinterlassenschaft des Kolonialzeitalters? Viele sehen in ihm eine notwendige Etappe auf dem Weg der Nationen vor allem in Afrika und Asien zur relativen Unabhängigkeit von heute. Für andere stellt es schlagend die Gier des Westens und seine Gefühllosigkeit gegenüber alten Kulturen unter Beweis, die skrupelloser Fortschritt anfällig gemacht hat. In Wirklichkeit haben diese Völker auf dem Marsch von der völligen Unterwerfung zur relativen Freiheit von heute manch bittere Erfahrung gemacht, wie sie ähnlich auch mit der überstürzten Privatisierung von heute einhergeht.

Zwei Großmächte von gestern, England und Frankreich, lockerten die Zügel und hofften, dabei im langwierigen Prozeß bis zur völligen Unabhängigkeit wenigstens noch eine Hand im Spiel halten zu können. Aus dem britischen Empire wurde das – fortan eher großväterliche als paternalistische – Commonwealth of Nations. Desgleichen wandelte sich das Empire colonial zur Union française mit – da gab es nichts zu fackeln – Französisch als lingua franca.

Diese Zwischenphase war von viel gesundem Menschenverstand gekennzeichnet, der die Brutalität und Rücksichtslosigkeit der ursprünglichen Annektierung der Gebiete erheblich milderte. Überreste des ursprünglichen Einflusses sind bis heute erhalten. Frankreich versuchte, die noch verbliebenen Kolonialgebiete zu Bestandteilen des Mutterlandes zu machen; den Inseln Guadeloupe, Martinique und Réunion wurde eine Vertretung im französischen Parlament zugestanden, denn sie waren so klein, daß sie außerhalb der Deputiertenkammer in Paris auf kein unabhängiges politisches Dasein Anspruch erheben konnten. Dasselbe wurde mit Algerien probiert, aber dieser Bissen erwies sich dann doch als zu groß und zu sauer für den französischen Geschmack. Desgleichen sind Territoires français d'outremer wie Tahiti und Neukaledonien schnell bei der Hand, bei sich bietender Gelegenheit wie etwa den Atomexplosionen auf Mururoa Ärger zu machen.

Alles in allem liegt der Schwerpunkt in den frankophonen Teilen der Welt auf der Kultur, und das erklärt die scheinbar unsinnige Verteidigung der Unversehrtheit der Sprache gegen die Verseuchung mit der vom amerikanischen Fernsehen verbreiteten Spielart des Englischen. Den Engländern erscheint Kultur oft als obskur, unnötig und vor allem kostspielig und ist ihnen schwer zu vermitteln. Ich erinnere mich an einen bejahrten Bettler in der Gosse von Cotonou, der größten Stadt von Benin, das dem ehemaligen Französisch-Westafrika traditionell die besten Beamten liefert. Bis auf Lendentuch, Brille und Vatermörder samt nüchterner Krawatte war er splitternackt. Ich steckte ihm eine kleine Münze zu, und er bedankte sich in einem Französisch, das Corneilles Neid erregt hätte. Das bewies zur Genüge, wenn es dessen bedurft hätte, welches Gewicht der Kultur als Waffe in der Verteidigung einer Lebensweise zukommt, und sei sie noch so verarmt.

Die Engländer webten ein ähnliches Spinnennetz mit einfacheren und weniger abstrakten Methoden, sprich: mit Spielen. Als Bindegewebe der Erinnerung ans Empire fungiert immer noch Cricket, in jüngerer Zeit auch Rugby und Fußball. Und es ist ungemein bewegend zu sehen, wie sich Inder und Pakistaner – allen Tugenden und Lastern des Kolonialismus des vergangenen Jahrhunderts zum Trotz – gewisse, zu Hause schon weitgehend vergessene Elemente des Englischseins zu eigen gemacht haben. Ein gebildetes Mitglied der indischen Kongreßpartei, das ein Interviewer im Fernsehen mit einem umstrittenen Zitat eines Ministers konfrontierte, entgegnete ungerührt: »Ich vermeine zum Gegenteil.« In England hätte kaum einer verstanden, wovon er redete. Der

Meinungen gibt es viele, aber vermeint hat seit mindestens hundert Jahren keiner mehr.

Dem wahrhaft intercommonwealthlichen Sprachgebrauch begegnet man im Cricket unter geheimnisvollen Formeln wie »silly mid-on« und »maiden-over«, die Aficionados und schläfrigen Zuschauern gleichermaßen leicht von der Zunge gehen. Wie beim Schach passiert auch hier kaum etwas, aber das Wenige reißt die Elite aus den Sesseln, die die Nuancen zu goutieren weiß.

In Holland sollen ein paar ganz passable Teams zwischen den Deichen spielen, aber ansonsten ist die Exklusivität der Commonwealth-Länder erfolgreich gewahrt worden. Rugby, das sich an einer quasi-freimaurerischen Ersatzexklusivität versuchte, ist an seiner Aufregung und Heftigkeit gescheitert. Als erstes bemächtigten sich die Franzosen seiner, und als wäre das nicht schon genug Anlaß, es als Mobilisator britischer patriotischer Gefühle aus dem Rennen zu werfen, schlagen sie gar noch häufig alle Gegner, was das Faß vollends zum Überlaufen bringt.

Gäben vier Völker nicht eine hübschere Zahl ab als fünf? Was hat die Veranstalter bloß gebissen? Jetzt stehen die Schleusentore natürlich jedem Neuling weit offen. Nicht nur, wie zu erwarten, allen Schwarzen, den Südafrikanern und den Australiern, sondern auch – ich muß doch bitten – den Italienern, Argentiniern und Rumänen, die zum Teil schon die Bandagen um den Kopf gewickelt haben und mit teuflischem Grinsen ungeduldig den Ton der Trillerpfeife erwarten. Heute, wo Halbwüchsige mit knapp 16 Jahren schon Millionen scheffeln und mit 30 bereits in der Versenkung verschwinden, ist an die Stelle des einst anmutigen Spiels die mürrische Strenge einer ausgewachsenen Industrie getreten, wobei die Eltern und Verwandten leidend oder triumphierend im reservierten Zuschauerteil sitzen und dem Fernsehpublikum ebenso bekannt sind wie ihre Sprößlinge.

Trotz allen gewaltigen Wandels sind Spiele immer noch die letzte Bastion des Patriotismus, und die Franzosen beäugen formvollendet jede britische Lösung mehr als mißtrauisch und bestehen darauf, daß ein Tor ein »but« und ein Schuß ein »tir« zu sein hat.

Ich wette darauf, daß wir schon längst eine europäische Einheitswährung haben werden, bevor wir das aufgeben, worauf es im Leben wirklich ankommt: das Kleingedruckte der Sportdogmen. Freilich gibt es Grenzen. Die Franzosen haben sich nie die Mühe gemacht, ihr eigenes Cricket-Vokabular zu erfinden, und werden es auch nicht tun. Als Spiel wird es sie niemals reizen können. Wie sollte es auch, wenn so viele Spiele unentschieden ausgehen und es nicht einmal die künstlichen Schauer eines Elfmeterschießens gibt, um eine völlig unbefriedigende Entscheidung zu erzwingen? Also wird es auch nie für »silly mid-on« ein »mire sur bête« oder »Dummzielen«, noch für »maiden over« eine »vierge pardessus« oder »Jungfrau obendrein« geben. Sei's drum, vermeine ich.

20. Februar 1997

Wohltätige Belagerung

*I*n bemerkenswert kurzer Zeit haben es Hotels, Geschäfte und sogar Einzelpersonen fertiggebracht, ihre Telefon-, dann Fernschreiber- und Faxnummern und neuerdings ihre Internet-Hieroglyphen bekanntzumachen. Fast die Hälfte der konventionellen Post, die mittlerweile noch in den Briefkasten fällt, besteht aus Bitten um Geld.

Die Telexphase habe ich übersprungen, aber die Zunahme der kommerziellen Reklame auf dem Faxgerät ist gewaltig, und gleiches gilt für die Bettelbriefe einer Unzahl anerkannter und nicht anerkannter Wohltätigkeitsvereine, viele davon so offenkundig unterstützungswürdig, daß man sie nur schweren Herzens beiseite legt.

Mit dem Auftauchen von Internet hat man den Eindruck, als hätten Entwicklungsfirmen die Sahara aufgekauft und zu Profit geschlagen. Oder als gebe es weniger Luft zum Atmen, weil sie gewinnträchtigerem Nutzen zugeführt wird. Wo soll sie enden, diese langsame Zerstörung unserer Horizonte, diese Erosion unseres persönlichen Unterbaus? Wird den Bitten um finanzielle Hilfe der üblichen Absender in Zukunft schon ein Bankauszug des eigenen Kontos beiliegen als Beweis, daß der Hilferuf nicht an den Falschen ergeht? Die dazu nötigen Unterlagen besorgen sicher die undichten Stellen, die heutzutage den größeren Teil der Information ausmachen.

Die Methoden der Überredung werden immer surrealer. So nagelte mich neulich eine höchst intensive junge Dame telefonisch fest. Mit »Festnageln« meine ich, daß es keine Möglichkeit gab, das Gespräch zu beenden, ohne grob zu werden. Ich hatte dummerweise vergessen, den unschätzbaren Anrufbeantworter vorzuschalten, und so saß ich mit der Dame fest. Volle dreißig Minuten beharkte sie mich leidenschaftlich um

Geld für ein ganzes Volk im feindseligen England um Selbstbestimmung kämpfender Asiaten. In meiner Blödheit bat ich um weitere Auskünfte, als könnte ich einem ganzen Volk anders helfen als möglicherweise damit, daß ich ihm bei Gelegenheit ein Lächeln aufs Gesicht zauberte. Sie ließ mich wissen, persönlich sei sie zwar nie in jenem Teil der Welt gewesen, doch hätten die Berichte Dritter sie tief bewegt. Ich lauschte also den Tiraden einer Person, die nicht mehr von den Problemen des unglücklichen Völkchens wußte, als ich dem Fernsehen entnommen hatte, die es sich aber zur Lebensaufgabe erkoren hatte, zögerlichere Pfarrkinder von ihren bisherigen Überzeugungen ab- und ihnen die ihrigen beizubringen. Das hat mit Hilfe für die Bedürftigen nichts mehr gemein. Es ist nichts als ein weiterer Egotrip von Leuten, die der Geschichte auf dem Umweg übers Telefon ihren Stempel aufzudrücken suchen.

Eine weitere bittere Erfahrung lautet: Führt eine Organisation das Wort »Menschlichkeit« im Kopfbogen und hat sie sich nichts Bescheideneres zum Ziel gesetzt, als die menschliche Spezies zu retten, wird sie in aller Regel von zwei ausgemachten Spinnern von einem Hinterzimmer aus geführt. Daß der Titel um so nüchterner klingt, je größer die Organisation ist, gehört heutzutage schon zur Regel. Dennoch ist davon auszugehen, daß selbst bei hehrsten und glaubwürdigsten nichtstaatlichen Organisationen Spinner und Groupies nie fern sind. Es gibt Idealisten meist schon gesetzteren Alters, die im Gemeinschaftsgesang das Mittel dazu erblicken, daß sich die Ökologie anständig beträgt. Ich glaube gern, daß der heilige Franz mit den Vögeln redete, auch wenn der Inhalt seiner Rede verlorengegangen ist. Andererseits bin ich sicher, daß er seine Jünger nicht dazu anhielt, die häßlichen Töne von sich zu geben, die diese Wohltäter der Menschheit in ihren Serenaden auf Mutter Erde anstimmen.

Das alles wäre lediglich amüsant, wären die Anliegen, für die um Geld gebettelt wird, nicht so verzweifelt und dringend.

Gleichzeitig fördert eine nähere Untersuchung des Briefkasteninhalts ein deutliches Anwachsen der Zahl der Nobelgalas zutage, anläßlich derer man gefragt wird, ob man für 25 000 Dollar einen Tisch bestellen wolle oder so knickerig sei, nur 5000 Dollar dafür zu erübrigen. Als Tombolapreise winken exklusive Sportwagen und diamantenbesetzte Armbanduhren, Pelzmäntel und ein Urlaub für zwei in einem Motel in der Äußeren Mongolei. Mit dem angebotenen Menü ließe sich ein ganzes Volk Mikronesiens eine Woche lang ernähren.

Nehmen diese Fälle von Leuten, die uns verheißen, wir fühlten uns großartig, wenn wir verarmten, oder uns sagen, der Weg zum Himmel sei mit Störrogen zum Preis von 2 Dollar pro Körnchen gepflastert, an Zahl und Eindringlichkeit zu? Gewiß doch, und ich halte das für ein Symptom übergeschnappter Geldjagd.

Ebenfalls zu den Zeichen der Zeit gehören die kommerziellen Broschüren, die uns so präzise und vertraut ansprechen, als unterhielten wir schon seit jeher eine rege Korrespondenz. In einer außer dem Namen vorgedruckten Botschaft wird man ermahnt, keinesfalls den Begleitumschlag wegzuwerfen, ohne den Inhalt genau geprüft zu haben. Das Ganze erweist sich dann als ausgeklügelt formuliertes Stück Irreführung, die einen für Minuten glauben läßt, man habe in einer Lotterie gewonnen. Komisch, denkt man, ich habe doch gar nicht gespielt. Dann geht einem auf, daß man die Lotterie noch nicht gewonnen, sondern nur eine Nummer zugeteilt bekommen hat. Macht man dann aber mit und bestellt eine Reihe von Dingen, die man weder braucht noch auch haben möchte, dann winkt unmittelbar der Preis. Na ja, vielleicht nicht gerade der erste, das bewährt zuverlässige koreanische Auto, aber doch wenigstens eines der kleineren Dankeschöns, eine Skibrille beispielsweise oder ein Surfboard, lauter Dinge, nach denen ich seit drei Vierteln eines Jahrhunderts lechze.

Dem allen setzt die Hollywood-Hosteß eines TV-Dokumentarfilms über Lebensart die Krone auf: »Unsere Galaabende dienen weitgehend der Wohltätigkeit. Sie ist Teil unseres Lebens. Wohltätigkeit. Wundervolle Arbeit, wirklich.« Und, als seien wir zu dickschädlig zu begreifen, wiederholte sie gleich noch einmal: »Wohltätigkeit«.

Warum korrespondieren diese Leute nicht unmittelbar miteinander? Warum müssen sie alle unentwegt mir auf die Nerven fallen?

15. Mai 1997

Die Liebe der Kelly Flinn

*D*ie Hälfte dessen, was uns heute schockiert, würde im viktorianischen Zeitalter keinen Schock ausgelöst haben aus dem einfachen Grund, weil die materiellen Voraussetzungen dafür gar nicht existierten. Damals gab es immer zwei Welten: im Haushalt eine über und eine unter den Treppen, die gute Gesellschaft und die städtische Arbeiterklasse, die feinen Pinkel und den Pöbel. Unter diesen Bedingungen gab es Dinge, die man sagte, und solche, die man nicht sagen durfte, Sachen, die sich schickten, und solche, die sich nicht schickten. Es gab vorgeschriebene Wege, das Unerlaubte zu tun, sofern man sich einer privilegierten Herkunft rühmen konnte, die besonderer Rücksicht wert war. Neben seinen offenkundigen Tugenden wie Unternehmungsgeist, Mut und Selbstdisziplin lieferte das Zeitalter das ideale Klima für Heuchelei, Doppelbödigkeit und Grausamkeit den Wehrlosen gegenüber. Es ist das Verdienst der Medien, die künstlichen Barrieren beseitigt zu haben, die Menschen wie auf einem gigantischen Viehmarkt in Pferche einteilten. Wäre es technisch möglich gewesen, einer viktorianischen Versammlung die Schrecken in Zentralafrika oder Afghanistan vor Augen zu führen, so hätte der Hausherr die Techniker streng ermahnt, solcherlei Material eigne sich nicht fürs Wohnzimmer und solle den bengalischen Landsern oder irgendwelchen gerade verfügbaren Kanonenbooten überlassen bleiben.

Heute steht in jedem westlichen Wohnzimmer ein Fernseher, bereit, auf Knopfdruck die Parade der Schrecken vor aller Augen abrollen zu lassen. Ein jeder weiß alles, und es gibt keine Ausflucht. Alles in allem war es auch höchste Zeit dafür. Dennoch gibt es selbst heute noch Augenblicke, in denen sich die strenge Hand viktorianischer Moral erhebt, um die Glut der Heuchelei unter der Asche neu anzufächeln, von der Optimisten gemeint hatten, sie sei für immer erkaltet.

Nehmen wir den erstaunlichen Fall der ersten Bomberpilotin der amerikanischen Luftwaffe, Oberleutnant Kelly Flinn – Stolz der Nation und jüngster Höhepunkt im langen Kampf um die Gleichberechtigung. Flinn ist eine attraktive junge Frau, die ihr Haar kurzgeschnitten zu tragen pflegte und damit lesbische Neigungen befürchten ließ. Diese Befürchtung wurde weithin geäußert, gab aber den Kollegen nur wenig Anlaß zur Sorge, da die mehrheitlich männlichen Beobachter der Auffassung waren, jedes Mitglied des schönen Geschlechts mit dem Ehrgeiz, B-52-Bomberpilotin zu werden, müsse gelinde gesagt etwas aus der Reihe tanzen.

Es ist eine Ironie des Schicksals, daß man die Gerüchte nicht ernst nahm, wie es zweifelsohne der Fall gewesen wäre, hätte es sich um einen männlichen Homosexuellen gehandelt, der über Gebühr seiner vaterländischen Pflicht zu genügen suchte. Alles verlief zur allgemeinen Zufriedenheit, bis Flinn beschloß, noch attraktiver zu werden, indem sie ihre Haartracht änderte. Ihre Leistung bei der Beherrschung der Verzwicktheiten eines modernen Bombers wurde noch bemerkenswerter, als man sah, daß sie ein ganz normales, solides Individuum mit einem überraschenden Ehrgeiz war. Diese Verwandlung führte sie geradewegs in die dankbaren Arme eines verheirateten Mannes, der sich scheiden lassen wollte. Dieses Phänomen wiederholt sich täglich tausendfach auf dem Erdenrund, hinterläßt vielleicht Narben und Unglück, reicht aber nicht aus, daß einer die Brauen hebt. Doch halt! Nicht alle ehebrecherischen Frauen sind Bomberpilotinnen. Bislang gibt es sogar nur einen einzigen solchen Fall. Damit scheint Untreue eine neue Färbung erfahren zu haben, als sollte die Flagge besudelt werden und habe sich ein Rollenvorbild danebenbenommen.

William Cohen, US-Verteidigungsminister und vorher Senator, ein Mann mit beneidenswertem Ruf unter den Politikern, tritt im Fernsehen auf und versucht zu erklären, warum diese junge Person keine ehrenhafte Entlassung aus der Air Force verdiene. Im Hintergrund unterstreichen die Falten der Stars and Stripes, daß Cohen mit dem ganzen Gewicht der Regierung spricht.

Augenblicklich kommen einem diverse Reaktionen in den Sinn. Erstens, daß der Verdacht, Flinn könnte lesbisch sein, keine Besorgnis ausgelöst hat, die auch nur entfernt mit dem Gefühl des Verrats vergleichbar gewesen wäre, das entstand, als sie sich als warmherzige und fehlbare Frau erwies. Zweitens, welch unterschiedliche Normen beim Militär für die Geschlechter gelten. Überall in Fernost und an vielen Stellen Europas trifft man in der Nähe entweder noch aktiver oder schon aufgegebener Militäreinrichtungen spielende Kinder an, die etwa zu der Zeit geboren wurden, als ihre Väter zur Demobilisierung nach Hause abreisten. Es gab – und gibt oftmals bis heute – Ehefrauen von GIs, aber es gibt eben auch Sprößlinge von Vätern, die die Mutter ihrer Kinder nie geheiratet haben. Manchmal lassen sich diese Kinder anhand der in ihrem Besitz befindlichen luxuriösen amerikanischen Geschenke erkennen, die gemeinhin um Weihnachten geschickt werden. Soweit ich weiß, wurde keiner dieser Väter mit so drakonischen Strafen wie einer unehrenhaften Entlassung belegt. Liegt das allein daran, daß sie in der Mehrheit nicht Bomberpiloten waren, oder einfach daran, daß sie Männer waren, an prahlerischen Machismo und den monotonen Fluß zotiger Redensarten gewohnt und der Abgabe keines Rollenvorbilds bedürftig? Eine solche Strafe mag für Vergewaltigung gerechtfertigt sein, aber auch für eine flüchtige Liebschaft? Na hören Sie mal, Senator Cohen.

Als glänzenden Gegensatz dazu gibt der erste und langjährige amerikanische Botschafter in Hanoi ein Rollenvorbild her, das wirklich not tut. Douglas »Pete« Peterson war Kampfpilot, wurde über Vietnam abgeschossen und war Gefangener der Vietcong. Peterson hat in der Gefangenschaft schwer gelitten, besaß aber auch die Charakterstärke für Liebe und Verständnis. Daß Clinton einen solchen Mann ausgesucht hat, beweist Vorstellungskraft und all das, was der unnötigen Grausamkeit Flinn gegenüber abgeht. Peterson umarmte altgewordene Vietnamesen, die er in schlimmeren Zeiten kennengelernt hatte, und strahlte einen herrlichen Sinn der Versöhnung, nicht zwischen Regierungen, sondern zwischen Menschen aus. Ein weites Feld trennt dies vom Mea culpa der armen Flinn, die ihre läßliche Sünde gestehen mußte, als sei sie in einem totalitären Gerichtssaal des Hochverrats angeklagt.

In die Ecke mit dir, Mädchen, bis zum Ende deiner Tage! Ab zu Dreyfus! Grotesk.

29. Mai 1997

Man darf wieder Ideale haben

*D*ie Hauptstadt der französischen Schweiz heißt in vielerlei Hinsicht Paris. Den dortigen Ereignissen widmen die französischsprachigen Schweizer deshalb besondere Aufmerksamkeit. Der Beschluß von Staatspräsident Chirac, ohne erkennbare Not Wahlen anzusetzen, kam als Überraschung, und anschließend machte sich Enttäuschung über die unkluge Entscheidung breit. Eine Schweizer Umfrage sagte zutreffend den Sieg der Linken voraus: Sozialisten, Kommunisten, Grüne und diverse linke Unabhängige. Ein Kommentar blieb hier besonders hängen: »Egal, was passiert, man hofft jedenfalls, daß die scheidende Regierung ihre scheußliche Angewohnheit verliert, zu regieren, als sei dies ein gottbegnadetes Recht.«

Seltsamerweise beglückte uns der BBC-Weltdienst gerade mit dem letzten Teil der Serie *To Be a King*. Genau das richtige in einem solchen Augenblick. Mit der denkwürdigen Leistung von Ian Richardson als konservativer Premierminister der Zukunft in einer Zeit, in der Prinz Charles schon den Thron bestiegen hat, erwies sie sich als Drama der Regierungszeit Jakobs I. gemäßen Zuschnitts, das echte oder imaginäre Schurkerei auf eine selbst heute seltene Spitze trieb. Eine von der in den Umfragen vorne liegenden Opposition bedrängte Regierung schreckte vor nichts zurück, um die Zügel der Macht in der Hand zu behalten. Das alles war glänzendes Theater, hätte aber auf den Zuschauer beklemmend gewirkt, wären nicht die britischen Konservativen vom außergewöhnlichen Erdrutsch bei den Wahlen vor ein paar Wochen hinweggespült worden. Allein dadurch wird aus dem wunderbar subtilen Ian Richardson eine archaische Figur, die heute irgendwo in den Kulissen tapfer die Führung einer kraft- und saftlos gewordenen Partei anstreben würde.

Die Wahrheit geht wie üblich seltsamere Wege und ist willkommener als die Fiktion. In diesem Augenblick, Schlag acht Uhr abends, wurde das französische Wahlergebnis verkündet. Wieder ein Erdrutsch. Hat der Blair-Faktor mit zum Sieg der Linken beigetragen? Vielleicht. Und wird er auch dem etwas verschwommenen Bild der deutschen Sozialdemokraten, das zur Zeit Willy Brandts und Helmut Schmidts so klar war, zu deutlicheren Konturen verhelfen?

Die Öffentlichkeit reagiert äußerst sensibel auf die Haltung von Politikern. Sie hat unendlich an Weitsicht und Reife gewonnen, ein Grund für die stete Gefahr der Politikverdrossenheit. Vielleicht liegt es in der Natur der Sache, daß das einfallslose, erzieherische Element in der Politik weitgehend das Vorrecht der Rechten ist, ist sie doch die mittelbare Erbin des Vermächtnisses der absoluten Herrscher und Tyrannen in der Geschichte. Von solchen Lippen trieft Überheblichkeit fast natürlich. Die Linke gilt dagegen, aus welchem Grund auch immer, traditionell als umgänglicher, vielleicht populistischer, aber von der Art her weniger anmaßend. Ihr eignet, was ich auf die Gefahr, der politischen Inkorrektheit beschuldigt zu werden, den Anflug des Gewöhnlichen nennen möchte.

Ich blicke auf mein Leben zurück und frage mich, welche Politiker ich mehr als nur oberflächlich gekannt habe. Da waren Ernest Bevin, Aneurin Bevan sowie Jennie Lee und Stafford Cripps, ehemals Mitglieder einer wenig erfahrenen Regierung, die ihren Horizont zu erweitern suchten. Bei den Konservativen kann ich nur Harold Macmillan aufweisen, und auch das nur, weil sein Verlag ein Buch von mir herausgebracht hat, sowie Ted Heath, der insoweit ein seltener Vogel ist, als Freundschaft für ihn nicht auf gleicher politischer Auffassung, sondern auf menschlichen Werten beruht.

Zur Zeit der ersten sozialistischen Regierung in Frankreich, der auch kommunistische Minister angehörten, wurde ich gebeten, bei der Weinauktion in Beaune zu präsidieren. Von meinem Podium aus bemerkte ich eine Phalanx von Leuten, die einen Unsichtbaren in einer Loge abzuschirmen schienen. Ich fragte, warum sie einen undurchdringlichen Ring um ihn bildeten, worauf man mir sagte, der Umzingelte sei der kommunistische Minister, Monsieur Fiterman. Ich hielt diese Behandlung eines Ministers für unwürdig und drohte, der Versammlung seine Anwesenheit zu enthüllen. Daraufhin sagte man mir, damit löste ich bei den stockkonservativen Weinhändlern eine Revolution aus und verursachte Chaos im Hause. Heute wären solche Albernheiten nicht mehr nötig, denn die Kommunisten gelten nicht mehr als von außen gesteuerte, auf das Herz der Politik zielende Speerspitze. Eine Zeitlang hat der Zusammenbruch der Sowjetunion beim Establishment eine Welle der Zuversicht verursacht, aber heute darf man wieder ganz vorsichtig in Kategorien von Idealen denken, sofern diese mit einer kräftigen Dosis Pragmatismus gewürzt sind. Insoweit war Tony Blairs Sieg ein Triumph der Art seines öffentlichen Auftretens. Er gab sich direkt und verzichtete nicht auf den Einsatz von Charme aus Angst, dieser könnte dem Anschein der Integrität im Wege stehen. Er blickte seinen Zuschauern aus gleicher Höhe ins Auge, nicht von oben herab. Keine Spur von Arroganz oder Herablassung. Keine Stallgeruch-Klischees. Der Wähler fand es erfrischend.

Dem französischen Wähler wurde derselbe Luxus zuteil, selbst wenn Lionel Jospin verglichen mit Tony Blair schon wieder feierlich wirkt. Er hielt sich umsichtig zurück, bis ihn der Sieg zum Reden zwang.

Die politische Streitmasse ist geschrumpft. Die allgegenwärtigen ökonomischen Überlegungen setzen den divergierenden Meinungen Grenzen in einer Zeit, da sich der Markt explosionsartig der Globalisierung zuwendet und globale anstelle rein nationaler Lösungen dringend geboten sind. Womit die politische Streitkultur übrigbleibt, und auch die hat sich verändert. Die Besiegten tragen tapfer ihr Kreuz, sprechen von den Regeln der Demokratie, lassen aber oft ein Gefühl des Verratenwordenseins erkennen, nachdem Glanz und Gloria, einstmals eine sichere Bank, nicht mehr wirken. Eine tiefe Sehnsucht nach Klarheit hat sich breitgemacht, um Gorbatschows Glasnost zu bemühen, der als erster die Hoffnung aus dem Kerker befreit hat.

Ein politisches Europa, ein wirtschaftliches Europa, ein Europa der Militärbündnisse – ohne ein Europa reifer Frauen und Männer taugt das alles herzlich wenig. Letzteres bildet des Pudels Kern.

5. Juni 1997

Das Leben – eine Bühne

Man hat mich gebeten, diesmal über das Thema Film zu schreiben. Wahrscheinlich aus dem Grund, weil ich an diesem Punkt meines Lebens Erinnerungen an ein obskures Goldenes Zeitalter habe, das der heutigen Verwirrung voranging. Als ich jung war und mit Künstlern wie Humphrey Bogart, Robert Mitchum und Stewart Granger arbeitete, waren sie besessen von einem anderen Goldenen Zeitalter, das viel zu der relativen Konfusion beigetragen hat, die sie scheinbar in Besitz genommen hatte.

Ich sage relativ, weil die Existenz des sogenannten Hay's Code – die heute in den USA praktizierte Zensur – jeder Verwunderung über den geraden und engen Weg von konventioneller Pietät vorbeugte. Wie immer gab es auch hier Möglichkeiten, die Regeln zu umgehen. Die riesigen Produktionen von religiösen Filmen dieser Zeit können als Olympische Spiele des Geistes gesehen werden, wo Vertreter des Himmlischen und des Diabolischen in einen bitteren Kampf traten. Das war eine Art, edle Gefühle an der schäbigen Seite des Lebens erfahren zu können – innerhalb der Grenzen des Erlaubten. Die Darstellung der römischen Auguren erinnerte sehr stark an ein Unterwasserballett, ohne die Unannehmlichkeit des Wassers auf sich nehmen zu müssen. Als Nero hatte ich die Möglichkeit, die Schlußakkorde dieser Auguren mit den Augen eines Spions zu sehen. Bedeutungsvoll färbten sie ihre Vorstellung in vulgäre Farben, es gelang ihnen aber nicht, auch nur irgend etwas großartig aufzubauschen.

Ich führte Regie bei meiner Bearbeitung von Romain Garys Roman »Lady L«. Die Regeln waren so streng, daß die Bosse der großen Studios, für die ich arbeitete, mir in der fünften Drehwoche eine dringende Nachricht übermittelten. Als sie das Drehbuch überprüften, erkannten sie, daß ein Pariser Bordell eine wichtige Rolle in der Geschichte spielt. Sie bekamen wohl kalte Füße und wollten sichergehen, daß es ein Bordell ist, das von der ganzen Familie besucht werden kann ...

Die britische Zensur aus dieser Zeit war persönlicher und weniger schwerfällig, aber ihre Regeln schienen so archaisch zu sein wie heute. Zum Beispiel, wenn zwei Menschen sich in unmittelbarer Nähe zu einem Bett befanden und nicht mehr als drei Füße auf einmal den Boden verlassen durften. Experten des Kamasutra wurden dafür zu Rate gezogen. Ich erinnere mich an eine Liebesszene am Strand, bei der kreischende Möwen eingespielt waren. Sie wurden wieder rausgeschnitten, weil sie aus einem Winkel aufgenommen wurden, der so interpretiert werden hätte können, als läge jemand im Sand und schaute nach oben. Die Zensoren wurden dafür bezahlt, schmutzige Gedanken zu hegen, im Interesse der Öffentlichkeit.

Politik ist Show-Busineß. Das Show-Busineß rächt sich, indem es sich ausschließlich auf Ereignisse des Moments und alarmierende Spekulationen über die Zukunft konzentriert. Ein ausschlaggebendes Ereignis dafür war, als Präsident Eisenhower seinen Freund, den Schauspieler Robert Montgomery, unschuldig bat, ihm bei seinem Fernseh-Make-Up zu helfen. Von da an gab es kein Zurück.

Fernsehdebatten haben Wahlen entschieden. Kennedy gewann den Oscar gegen Nixon. Es ist noch nicht so lange her, als der charmante Clinton den Weg Richtung Sieg gegen einen nie lächelnden, uncharismatischen Senator Dole ging. Für eine Nation von Sport-Fans haben diese Kämpfe einen unwiderstehlichen Reiz als Unterhaltung.

Heute ist es schwierig, herauszufinden, ob das Leben selbst ein Echo der angebotenen Unterhaltung ist. Es gab schon unzählige Filme über fiktive US-Präsidenten als fehlbare menschliche Wesen. Entweder verwickelt in heimliche Liebesaffären oder betend gegen Verschwörungen, die die Integrität des Staates angreifen könnten. Genau zum Zeitpunkt der jüngsten Golfkrise kam ein Film mit Robert DeNiro heraus. In »Wag The Dog« versucht er, die Spannung von einer flüchtigen Untreue abzulenken, indem er in eine kleine Diktatur einfällt – aus hohen ethischen Prinzipien.

Die ganze Unterhaltungsindustrie hat es bis heute nicht geschafft, eine Persönlichkeit wie Kofi Annan zu erfinden. Und dafür gibt es einen guten Grund. Diplomatie hat keinen Platz im Konzept von Unterhaltung, die auf Desaster, Tragödie, Machtmißbrauch und Overkill basiert. Höflichkeit, ein tiefes Verständnis und das Geschenk der Versöhnung spielen keine Rolle in unserer Sicht von der Zeit, in der wir leben.

Doch es gibt Ausnahmen. Vor vielen Jahren überraschte Gandhi die ganze Welt. Kofi Annan muß wohl auf das nächste Goldene Zeitalter warten. Aber wer wird dann die Rolle spielen, frage ich mich? Vielleicht bis dahin Kofi Annan selbst?

21. März 1998

Das neue Afrika

Südafrika ist ein Mikrokosmos unserer Welt mit all unseren Erfahrungen der warmen Menschlichkeit, der blinden Unterdrückung, der reinen Hilfe und einigen Überraschungen am Rande.

In der Vergangenheit war Robben Island ein Ort mit sinistrem Ruf, ein Gefängnis mit Aussicht auf die ruhige Schönheit von Kapstadt und dem Wohlwollen des Kaps der Guten Hoffnung. Hier war die Endstation für viele politische Gefangene, großzügig vermischt mit normalen Kriminellen.

Präsident Nelson Mandela hatte für viele Jahre die Zelle Nummer 5 – aufgeteilt, wie es eine Wohnstätte nur sein kann – mit eingeschränkten Möglichkeiten sich zu bewegen (vier Schritte in jede Richtung), keine Möglichkeit, sich hinzusetzen, nur Platz, sich auf einer dünnen Matte zwischen Körper und Betonboden hinzulegen. Ein Insasse erzählte von den Bestrafungen, wobei man bis zum Hals in Sand eingegraben wurde, während die Wachen auf den passenden Moment warteten, um sich auf den Köpfen der Gefangenen zu erleichtern.

Anfangs taten sich die Wächter und die kriminellen Elemente zusammen, um die politischen Gefangenen zu provozieren. Das war verständlich, strahlten die politischen Häftlinge doch eine elitäre Aura auf die einfach gestrickten Wärter und Kriminellen aus. Allmählich schwand die Feindseligkeit gegenüber den politischen Gefangenen, als sie mit ihrer Würde beeindrucken konnten.

81 Menschen bauten sich ein Haus auf der attraktiven Insel, eine Mischung aus ehemaligen politischen Gefangenen, bekehrten Kriminellen und sogar Gefängniswärtern im Ruhestand – unwillig, sich von der Vergangenheit zu trennen. Zusammen haben sie eine Schule für ihre Kinder errichtet, und Robben Island ist auf dem sicheren Weg, eine privilegierte

Residenz zu werden, reingewaschen vom Wasser der Guten Hoffnung.

Ein Blick auf die Tätigkeiten der »Wahrheits- und Versöhnungs-Kommission« unter der Führung von Erzbischof Desmond Tutu erklärt viel über die Regeln, die die beklagte Apartheid regierten. Am Tag unseres Besuchs war ein Ex-Sergeant des Sicherheitsdienstes vorgeladen. Er war angeklagt, den Dissidenten Steve Biko mit einem dicken Gummischlauch erschlagen zu haben. Er erklärte im Kreuzverhör, daß der Sicherheitsdienst offizielle, aber streng geheime Anweisungen hatte, jedes Mittel zu nutzen, legal oder illegal, um den Staat zu schützen. Das wurde offensichtlich von all jenen mit schwachem Charakter als Einladung verstanden, das Gesetz zu brechen. Man fragte den Sergeant im Kreuzverhör, ob der Gummischlauch seinen Platz am Kaminsims hätte, als Mittel zur Bestrafung. Der Angeklagte antwortete, daß er eigentlich Eigentum der Küstenwache war, die damit Benzin von einem Boot zum anderen leitete.

Steve Biko wurde brutal bis zur Bewußtlosigkeit geschlagen. In diesem Zustand wurde er über 1600 Kilometer von Port Elizabeth an der Südküste in das Pretoria-Gefängnis gebracht, am Boden eines Landrovers liegend. Er war entweder schon tot, als er dort ankam, oder starb kurz danach. Der Oberstleutnant ließ sofort seine Verschwörer rufen und beging ein Verbrechen, um den Staat zu verteidigen, indem er den Tag des Todes ändern ließ, und so das Zuspätkommen ärztlicher Hilfeleistungen erklären zu können. Während all der Ermittlungen trat zutage, daß unser Sergeant nur seinen Befehlen gehorcht hatte, wie abscheulich diese auch waren. Zur Frage des Advokaten »Haben Sie zu irgendeinem Zeitpunkt die Möglichkeit ins Auge gefaßt, daß Sie für Steve Bikos Tod alleine verantwortlich sind?« kam die überzeugte Antwort »Nein. Wir waren fünf.« Was der damalige Sergeant verschwiegen hatte, war, daß er kürzlich in den

Ruhestand getreten ist, und zwar im Rang eines Oberstleutnants.

Inzwischen gibt es eine Kleinstadt im Orange Freestate, symbolisch »Orania« genannt, die einen ausschließlich weißen afrikanischen Mini-Staat beherbergt. Afrikanern wird kein Eintritt gewährt, unter dem Vorwand, daß sie die Menschenrechte nicht beanspruchen können, wenn sie erst gar nicht anwesend sind. Der Initiator ist ein Professor der Theologie (ist das wirklich überraschend?), der auch der Schwiegersohn des Erfinders der Apartheid, des ermordeten Präsidenten Verwoerd, ist. Wenn diese Menschen so harmlos wären, wie die Amischen oder die Quäker in Amerika – die friedlich in der Vergangenheit leben und denken –, würden sie keinen Aufruhr verursachen.

Es gibt Platz für jede Strömung im neuen Afrika. Aber wenn die Afrikaner beginnen, von Expansion zu träumen sowie von der Rückkehr jener Mentalität, die die Illegalität als Weg sich durchzusetzen nährt, dann sind Reibereien unausweichlich. Abschließend noch zwei Prisen Weisheit aus Interviews, die ich mit Tutu und Mandela führte.

Tutu: Seid nicht zu streng mit den Afrikanern. Wie viele Minderheiten-Völker, die sich selbst – zu Recht oder auch nicht – von der Mehrheit unterdrückt fühlen, beginnen sie, sich selbst als Auserwählte zu sehen. Und das passiert nicht zum ersten Mal in der Geschichte.

Mandela: Ich kann ernsthaft sagen, daß ich für meine Jahre im Gefängnis dankbar bin. Sie gaben mir reichlich Zeit für Meditation (die wichtig ist für einen Mann, der Entscheidungen treffen soll), was mir seit meiner Entlassung nicht möglich war.

23. Mai 1998

Die Moral von der Geschicht'

Wie gewöhnlich gibt Amerika den Weg vor. Es wurde uns vorgeführt, wie man demokratische Mittel benutzen kann, um die Demokratie zu ruinieren. In der Affäre Clinton/Lewinsky gibt es bis jetzt keine Anzeichen dafür, daß diesem bösartigen Beispiel der Technologie, das für Aufregungen auf Kosten der persönlichen Würde sorgt, nachgegangen wird. Andererseits waren die Standing ovations für Präsident Clinton bei den Vereinten Nationen eine klare Aussage vom Rest der Welt, diese abstoßende Prozedur nicht länger zu billigen.

Helmut Kohl war am Vorabend der Wahlen in gesprächiger Laune und drückte aus, was viele fühlten: daß er sich aufgrund dieses gesamten uneleganten Geschäftes am liebsten übergeben würde. Sein politischer Gegner – der spätere Gewinner – stimmte ausnahmsweise einmal zu.

Großinquisitor Kenneth Starr brauchte ein halbes Jahrzehnt, um so nahe wie möglich an die Bänder von Präsident Clinton heranzukommen. So erfuhr man über eine schmerzhafte Jugendsünde mit einem jungen Vamp, ein kurzer Schatten über einer erfolgreichen Präsidentschaft. Es ist interessant, daß der Vorsitzende des Rechtsausschusses im Repräsentantenhaus, Henry Hyde, zugab, vor 30 Jahren eine heimliche Affäre gehabt zu haben, es aber als Dummheit seiner Jugend abtat. Vor 30 Jahren war Mister Hyde 44 Jahre alt. Selbst wenn der Fehltritt vor mehr als 30 Jahren passierte, gehören die frühen Vierziger noch zur Jugend? Warum sollte man dann dieses Privileg nicht auf die frühen Fünfziger erweitern und Mister Clinton aufgrund seiner ausgedehnten Jugend wieder würdigen?

Interessant wäre es auf jeden Fall, den Kongreß zu überprüfen, dessen Mitglieder im Licht allerhöchster Moral stehen und sich deshalb nicht verweigern könnten. Laßt jeden einzelnen von ihnen schwören, daß sie niemals ihre Frauen betrogen haben. Die Leichtgläubigen würden durch das Ergebnis zweifellos die Integrität des Hauses bestätigt sehen, während die Skeptiker erkennen müßten, daß Lügen kein Exklusivrecht der Präsidentschaft sind.

Und wenn wir schon davon sprechen: Hat Bill Clinton gelogen? Er ist selbst – wie der Großteil seiner Inquisitoren – Anwalt. Das geschieht ihnen recht. Er weiß, daß nach dem Gesetz jede Handlung – anders als das Ausführen von Geschlechtsverkehr – nicht als Zustimmung zu eben solchem betrachtet wird. Tatsächlich ist es schwer vorstellbar, wie ein Präsident in diesem pseudo-egalitären Elektronikzeitalter so einen Fehler machen konnte. Er ist umzingelt von Detektiven, Geheimagenten und Türen, die sich jeden Augenblick öffnen können. Hotels und Motels kommen nicht in Frage. Er wird zu leicht erkannt. Alles, was übrigbleibt, sind flüchtige und grapschende Begegnungen im Weißen Haus – Situationen, in denen ein Kleid notfalls wieder rasch in Form gebracht werden kann.

Natürlich führen solche entwürdigenden Umstände zu aussagekräftigen Flecken auf Kleidern. Daß die fragwürdige junge Dame den fraglichen Fleck seit drei Jahren konservieren hat müssen, ist eine eigene, seltsame Geschichte. Dazu gehört auch ihre offensichtliche Unfähigkeit, Vertrauen zu respektieren.

Sicher, wenn sich dieses unglückliche Paar auf Spaß und Spiel mit einer Zigarre als wesentlichen Teil des Ehebruchs hätte beschränken müssen, könnten der Kongreß und Senator Jesse Helms vor Erleichterung aufseufzen – wenn Monica Lewinsky beharrlich dabei bleibt, daß die Zigarre keine Havanna war.

Es drängt sich die Frage auf, ob sich der enorme Zeitaufwand dieser Untersuchung tatsächlich gelohnt hat. Ich hoffe nicht. Denn als Präsident Nelson Mandela sein ganzes moralisches Gewicht massiv hinter Bill Clinton aufbaute, machte er darauf aufmerksam, daß die Meinung der meisten Menschen auf der ganzen Welt in Opposition zum US-Kongreß steht. Nur die Gefühle jener zu verletzen – die man ohnehin schon durch das Versäumnis, eine Vereinbarung zu erfüllen, vor den Kopf gestoßen hat – ist dazu angetan, Clintons Autorität vor einer Weltöffentlichkeit zu schwächen, die nach einer inspirierten und funktionierenden Vision von Demokratie hungert. Die Standing ovations vor der UNO sind eine schmerzliche Antwort für die Gegenspieler von Mister Clinton, die hofften, er würde aus dieser Tortur als gebrochener Mann hervorgehen.

Die Wahrheit ist, daß Clintons Verständnis dieses Planeten, seiner Sorgen und Nöte, unter den amerikanischen Spitzenpolitikern einzigartig ist. Er hat sich die Freundschaft vieler integrer Persönlichkeiten verdient und kann auf ihre Unterstützung zählen. Wenn Amerika wirklich irgendwie geschwächt ist, so ist das die Schuld des Kongresses, der jenseits von konstitutionellen Zänkereien und internen Affären keine ernsthaften Interessen zu verfolgen scheint.

In den USA, der bei weitem prozeßsüchtigsten Gesellschaft der Welt, ist es offenbar normal, den Präsidenten, neben seinen ehrenvollen Pflichten, auch als Idol für all die kleinen Kinder zu sehen. Diese wiederum könnten – dank der Demokratie – selbst einmal Präsident werden. Gott stehe ihnen bei. Die moderne Technik hat dies zu einer unmenschlichen Bürde gemacht. Eine kleine Fehleinschätzung kann schwerer in der Waagschale liegen als Naturkatastrophen, Krieg und Revolution.

Ist das wirklich *eine* Welt?

17. Oktober 1998

Teatime mit Pinochet

*L*etztes Jahr fand in Garmisch-Partenkirchen die Uraufführung einer Konzertversion von Richard Strauss' letzter »unvollendeter« Oper, oder Singspiel, »Des Esels Schatten«, statt, die auf einem Roman von Goethes Weimarer Freund Christoph Martin Wieland basiert. Ich war Autor und Erzähler des Textes. Die ironische Geschichte erzählt von einem Disput zwischen zwei Bürgern des antiken Griechenlands über einen Esel und seinen Schatten, der durch die Gesetzesauslegung findiger Anwälte landesweite Ausmaße annahm. Im Verlauf der Geschichte erklärt ein Demagoge namens Kenteterion, vor dem Gesetz seien alle gleich. »Wo habt Ihr denn diesen Unsinn her?« fragt Philipides, der Richter. »Nicht im Gerichtssaal jedenfalls!«

Zweieinhalb Jahrtausende nach diesem Meinungsaustausch kam General Pinochet aus medizinischen Gründen nach London. Unverzüglich forderte ein wachsamer spanischer Richter seine Auslieferung, um das Verschwinden einer großen Zahl spanischer Staatsbürger während seiner Diktatur in Chile zu klären. Das Ergebnis war seine sofortige Verhaftung durch britische Behörden. Die Gegenwart solch einer wichtigen und beunruhigenden Persönlichkeit in einer Londoner Klinik führte zu Meinungsverschiedenheiten innerhalb der englischen Regierung. Handels- und Industrieminister Peter Mandelson erklärte im Fernsehen, daß besonders die Nachgiebigkeit gegenüber so einem verrufenen Diktator Magenverstimmungen hervorrufe. Innenminister Jack Straw wiederum plädierte für eine mildere Sicht der Dinge in Hinblick auf das Alter und die Gebrechlichkeit des Mannes.

Überraschenderweise verließ Lady Thatcher ihre Festung im House of Lords, um mit Pinochet Tee zu trinken und um all ihre Macht, über die sie noch verfügt, für die Forderung seiner sofortigen Freilassung einzusetzen. Er sei ein Verbündeter während des Falkland-Krieges gewesen, und er verdiene eher Britanniens Dank als die Spitzfindigkeiten des internationalen Rechts. All das enthüllte nichts außer, auf welche Art Alliierter sich England in jenen Tagen verlassen hatte – eine militärische Clique gegen die andere.

Nun stellen wir uns vor, was geschähe, wenn Pinochet eine andere Person gewesen wäre. Zum Beispiel ein russischer Faschist von niederem Rang und beschränkter Intelligenz, einst als ergebener Diener auf Beutezug für die Nazis, jedoch unauffällig genug, im Nachkriegschaos zu flüchten und harmlos mit einer falschen britischen Identität in Kanada wiederaufzutauchen. Gewiß hegt man für einen solchen Menschen kein Mitleid wegen des fortgeschrittenen Alters, und er erleidet dasselbe Schicksal wie die anderen Achtzigjährigen, die von erbarmungslosen Beweisen gejagt werden, bis sie schließlich für die letzten paar Wochen vor ihrem natürlichen Tod in beschwerlichen Gewahrsam genommen werden. Wäre Pinochet andererseits Amerikaner, Brite oder Franzose, hätte sein Vaterland keinerlei Gewissensbisse, mit ihm so zu verfahren, wie es das Rechtssystem vorsieht.

Frankreich, das als einziges dieser drei das Unglück der Besetzung durch den Feind im letzten Krieg erfahren mußte, zeigte sich peinlich berührt gegenüber dem Sündenbock Maurice Papon. Er erfreute sich in Mitterrands Regierung eines Kabinettsranges, bevor er Jahre später als Ex-Offizier in Marschall Petains Vichy-Regierung verhaftet wurde. Am Ende dieses fragwürdigen Prozesses wurde er im Alter von 87 zu zehn Jahren Haft verurteilt. Später, laut einer kurzen Erwähnung in einer Zeitung, wurde ihm statt dessen erlaubt, wieder nach Hause zu humpeln und mit Schuld und Schande selbst fertigzuwerden. Währenddessen erklärte ein Anwalt im Fernsehen, daß Papons Verhaftung ein Triumph war. Nicht nur für die Franzosen, sondern für die Justiz auf der ganzen

Welt. (Man sollte an dieser Stelle erwähnen, daß Frankreich Pinochet den Aufenthalt verweigerte und somit geschickt die Möglichkeit eines weiteren rechtlichen Triumphes verhinderte.)

Es liegt nun an Britannien, zu entscheiden, wie man mit der spanischen Forderung umgehen sollte. Es mangelt nicht an Beweisen. Nackte Verdächtige mit Elektroden an den verletzlichsten Teilen des menschlichen Körpers, festgebunden am Bettrahmen mit Maschendraht. Überlebende sprechen immer wieder davon. Ob Pinochet von den Details dieser Mißhandlungen wußte oder ob er sie den abgebrühten Folterknechten überließ, muß noch untersucht werden. Trotz allem beeindruckend ist seine Art, die Kontrolle über die Armee beizubehalten, während Demokratie wiedergekehrt ist. Und später, als seine Berufung als Stratege durch sein Alter untergraben wurde, ernannte man ihn zum Senator auf Lebzeiten.

Mit anderen Worten: Sogar wenn jene, die sich an das grausame Ende von Präsident Allende erinnern, die demokratischen Werte lautstark verteidigen, gibt es zweifellos solche, die eine patriotische Träne auf Pinochets Kummer in einer fernen Klinik vergießen.

Lady Thatcher nennt es viktorianische Werte und hofft auf deren Rückkehr. Vielleicht waren es eben diese Werte, die sie und General Pinochet bei Tee und Keksen diskutierten, ein unverzichtbares viktorianisches Ritual. Und vielleicht die Zuneigung für die feinen chilenischen Menschen, die diese viktorianischen Werte noch immer schätzen, indem sie sich scheinbar damit abgefunden haben – wie die Kinder von gestern –, gesehen, aber nicht gehört zu werden.

17. November 1998

Begegnung im Hotel Imperial

Gerne erinnere ich mich an ein Treffen mir Bruno Kreisky. Er war damals noch Bundeskanzler. Ich denke mit Freuden daran zurück, denn er war ein Mann, zu dessen Prinzipien es gehörte, Risiken einzugehen. Er hatte sich für Menschlichkeit und Dialog auch dann eingesetzt, wenn es den üblichen diplomatischen Gepflogenheiten widersprach.

Einmal residierte Colonel Gaddafi im Wiener Hotel Imperial – als Gast von Kanzler Kreisky. Zur selben Zeit bewohnte auch ich im Imperial ein Zimmer, eines mit Blick auf das Portal. So konnte ich einigermaßen diskret das Kommen und Gehen dieses bedeutenden Besuchs samt seiner Entourage beobachten. Aus Angst, die Aufmerksamkeit der zahllosen Sicherheitsagenten zu erregen, hielt ich mich aber nie zu lange hinter dem Fenster auf. Einige Tage später zog Gaddafi wieder aus. Und im selben Moment wurde der Schleier von jener skandalös glücklichen weiblichen Statue, welche die Hauptstiege ziert, gelüftet. Endlich befreit von ihrer keuschen Stola, schien die geschätzte Lady noch freundlicher als zuvor zu lächeln. Unmittelbar danach bat man mich zum Gespräch mit Kreisky.

Hier saß eine kleine Person, die einer präkolumbianischen Skulptur zum Verwechseln ähnlich sah. Er versank beinahe in dem riesigen Fauteuil und murmelte etwas von den Ereignissen dieses Tages. Daß seine freundschaftliche Geste einer kontroversen Person wie Gaddafi gegenüber auf breite Kritik stoßen werde, war vorauszusehen. Besonders von seiten der USA, die geradezu zwanghaft bestimmte Länder als terroristisch brandmarken und sie in der Folge auch so behandeln wie Menschen im Todestrakt. Für diese besteht immer eine kleine Hoffnung auf Erlösung, andererseits aber sind sie stigmatisiert – bis sie willkürlich ein Vierteljahrhundert nach ihrem Verbrechen exekutiert werden. In derselben Weise wird von sogenannten terroristischen Staaten erwartet, daß sie unter der Last von wirtschaftlichen Sanktionen und der internationalen Achtung ins Wanken geraten.

Für Kreisky bedeutete das nur einen Ansporn, genau Position zu beziehen. Seine ironische Anmerkung auf Kosten von Ronald Reagan hatte geradezu olympisches Format. »Die beschuldigen mich, auf einen bedeutenden Staatsmann als drittklassigen Schauspieler hinzuweisen«, brüstete er sich und meinte dann mit gespielter Überraschung, »haben die nicht kapiert, daß ich ihm nur schmeicheln wollte?« Und mit ernsterer Miene fügte er hinzu: »Haben die etwa nicht verstanden, daß ein erstklassiger, ja nicht einmal ein zweitklassiger Schauspieler derartige Arbeitsbedingungen nie angenommen hätte?«

Er beendete das Gespräch, indem er über Gaddafi folgendes sagte: »Wissen Sie, der ist im Kopf um vieles jünger als jene, die ihn nicht kennen, glauben Sie mir. Jedenfalls tat ich, was ich konnte. Hoffentlich habe ich ihm damit mehr geholfen als er mir.«

Seither war es Nelson Mandela, der mit seinem moralischen Gewicht jene Brücke schlug, die einst Kreisky begonnen hatte zu bauen. Mandela ist ein weiterer Staatsmann, der gewillt ist, Risiken auf sich zu nehmen, indem er gegen den Strom der manipulativen öffentlichen Meinung schwimmt.

Papst Johannes Paul II. ist ein anderer Vertreter dieser raren Gesellschaft der risikofreudigen Männer – mit dem Unterschied, daß einzig ethische Motive ihn leiten. Seine Nation stützt sich auch auf größeres moralisches Gewicht, da sie außer den Hellebarden der Schweizer Garde keine militärische Macht aufweist. Seine Beharrlichkeit, sich dem Vorurteil des Establishments zu widersetzen, erreichte im Vorjahr seinen Höhepunkt: durch den Besuch bei Castro, einem Politiker, der von jenen, die in der Weltpolitik die Fäden ziehen, seit langem wie ein Paria behandelt wird. Dieses Treffen war in zweifacher Hinsicht bewegend. Es zeigte, daß wir alle älter werden. Zum anderen bewies die Unterredung zweier gealterter Gentlemen mit jeweils unverrückbaren Standpunkten, daß es möglich, sogar erstrebenswert ist, Freundschaft zu pflegen und Toleranz zu üben. Und das gerade in einer Gesellschaft, die es zuläßt, daß wegen der fehlenden Bereitschaft zum Dialog Reibungen in Feindschaften ausarten.

Die größten Risiken ging zweifellos Michail Gorbatschow ein. Schon deswegen, weil er sich einem unglaublichen Arsenal an Nuklearwaffen gegenübersah. Er war der erste, dem die Dummheit bewußt wurde, durch Aufrüstung einen höheren Grad an Menschlichkeit zu erreichen. Er wagte es, seine Autorität dafür einzusetzen, einen Prozeß in Gang zu bringen, der selbst die Vorurteile der Skeptiker aushöhlen sollte. Sein Schicksal war zwar damit besiegelt, aber sein Platz in der Geschichte ist ihm sicher, unangefochten vom täglichen Schattenboxen seiner Nachfolger. Seine Heiligkeit, Gorbatschow und Mandela sind Männer, die das Risiko auf sich nehmen, einen offenen Dialog zu führen. Unter jenen Politikern, für die einzig Popularität die angemessene Belohnung darstellt, sind sie eine Klasse für sich. So wie Bruno Kreisky, den ich in angenehmer Erinnerung behalte.

13. März 1999